中美不需一戰？

不要對世界抱有理想主義式的幻想

盧永雄　著

序言——不要對世界抱有理想主義式的幻想

由黑白分明　到灰色世界

小孩子看世界，總是黑白分明的，看電影、看電視、看漫畫，都能夠分出「忠」和「奸」的角色。從小時候看電影的美國西部牛仔、日本超人，到粵語片的黃飛鴻，都是很明顯的「忠角」；至於紅番、怪獸、石堅，就是明顯「奸角」。每一部戲都如是，黑白分明，這就是小孩子的世界，忠角打敗奸角，最後開心收場，部部戲都如此，大家樂此不疲。到如今的漫威電影，亦復如此。

回到現實的世界，就不一樣了。早在我10歲的時候，那時是1972年，我看到一齣國際政治的好戲。美國國務卿基辛格到巴基斯坦訪問，期間詐作肚痛，靜悄悄飛往北京，拜會了總理周恩來和主席毛澤東。基辛格打前站之後，迎來美國總統尼克遜訪華，和毛澤東會面。毛主席坐着在沙發和尼克遜見面的那張黑白照片，如今還深印在我腦海中。

當時美國和中國原本互罵得兇狠，中國罵美國是美帝國主義，美國罵中國是紅色殘暴政權，兩國還在韓戰或越戰交鋒，怎麼突然間坐

在一起，談笑風生呢？尼克遜訪華後，中美進入建交談判，更是戲劇性的結局，就像看到一部粵語長片，黃飛鴻和石堅突然不打架，坐下吃飯，杯酒言歡，最後握手收場，不知這部戲有沒有票房？但我10歲時已覺得，政治原來不是黑白分明，或許只是灰色。兩國交往，除了理念交鋒，還有現實考量。

現實主義不受歡迎　但很真實

國際關係是政治學裏一門分支，研究國際關係有一些權威學者，芝加哥大學教授約翰・米爾斯海默（John J. Mearsheimer）就是其中的表表者，他是一個現實主義者，主張不要以理想主義的幻想，來分析國際政治。

今年7月，哈佛大學教授史蒂芬・沃爾特（Stephen Walt）寫了一篇文章《為甚麼人們都不喜歡現實主義？》（"Why Do People Hate Realism So Much?"）。沃爾特的文章，提及在烏克蘭戰爭的討論中，美國社會對現實主義者大力抨擊，主要針對兩個人：一個是米爾斯海默，另一就是前國務卿基辛格。米爾斯海默分析烏克蘭戰爭的始作俑者是以美國為首的西方，促使北約不斷東擴，擴展至與俄羅斯接壤的烏克蘭，俄羅斯總統普京之前已多次警告，北約不能把烏克蘭納入其中，但美國置若罔聞，最後觸發烏克蘭戰爭。米爾斯海默認為，是美國領導烏克蘭走上毀滅之路，「歷史將會嚴厲批判美國」。

至於前美國國務卿基辛格，就敦促烏克蘭要與莫斯科進行和平談判，在領土問題上達成妥協，要避免西方與俄羅斯永久決裂。

沃爾特引述批評者如英國《金融時報》的愛德華·盧斯（Edward Luce），他說外交政策的現實主義學派，最近在媒體上的表現很糟糕，大部分都是活該，批評者甚至認為，現實主義派「支持」普京。

沃爾特的文章，多多少少有為米爾斯海默辯護的味道。但米爾斯海默卻懶理對他的批評，似乎認為，歷史終將證明，理想主義者是如何天真。他只怕政客的無知，最終會把世界引向大國的核戰。

米爾斯海默是「進攻性現實主義」國際關係理論創始人，他傾注了大量心血，論證大國爭霸的必然性。首先，包括米爾斯海默在內的現實主義者，對國際關係有幾個基本假設：

第一，現實主義者對政治有一種悲觀的看法。假定人有無可救藥的缺陷，無法消除個人與包括他在內社會群體之間的利益衝突，當缺乏可有效執行、防止各國互相攻擊的全球權威體系時，暴力就成為可能，各式各樣的人類群體，包括街頭幫派、部落、城邦、民兵、民族、國家等，都會想方設法，讓自己更安全，意味他們有強烈傾向，爭奪權力。

第二，現實主義者排斥理想主義的分析。因為在理想主義者的世

界，忠奸分明，通常提出者會把自己的國家放上道德高地，視自己為忠，視對方為奸，然後循這個天真的角度，去分析世界發生的所有事情。

第三，國際間其實是一個無政府的世界。雖然現實主義者不相信合作是不可能的，也不相信國際機構毫無價值，但國際間的確處於無政府狀態，國際組織無法支配國家，沒有一個令一切國家都服從的中央權威，這就為國際間的對抗和競爭，創造了強烈的動機。

第四，現實主義與美國吹噓的政治原則矛盾。正如哈佛大學教授沃爾特的分析，美國人普遍相信「美國例外主義」，美國例外主義者認為，美國具有獨特的道德，可以為人類更大的利益而行動，所以不會接受以現實主義的角度去分析美國。但現實主義者就認為，缺乏中央權威的世界，無論是實行民主制的美國，或實行集權制的前蘇聯，他們意識形態和政治經濟體制的差異，大得無法再大，但在冷戰期間，雙方的行為卻出奇地相似，各自組建大型軍事聯盟，在任何可能的地方推廣自己的意識形態，製造數以萬計的核武器，干預其他國家，進行破壞性的代理人戰爭，刺殺外國領導人……美、蘇兩個截然不同的國家，制訂了相當相似的外交政策。

我自己的結論是：現實主義的確不受歡迎，因為與我們自小相信的小孩邏輯有很大矛盾，但現實主義很真實，也解釋了國際間發生的很多事情。

米爾斯海默信中國威脅論　因為國大必霸

我引述米爾斯海默的現實主義理論，但大家千萬不要以為他是中國的朋友、美國的攻擊者。他作為美國學者，其實也是站在美國角度看問題，他是「中國威脅論」的鼓吹者，從「大國政治的悲劇」，推論到「中國不可能和平崛起」，米爾斯海默並不是中國擁躉。他認為美國一直是靠抗爭和征服，才成就今天超級大國的地位，而這也是唯一生存的法則；中國崛起也一樣，他預言中國將建立地區霸權地位，進而將美國逐出亞洲，美國也不會坐以待斃，會在亞洲組成聯盟對抗中國，這就是大國政治必然會對抗的悲劇。

米爾斯海默對大國競爭有着十分悲觀的描述，認為在缺乏安全並無法確定他國意圖的世界中，大國之間出於理性，也會追求霸權，基於這判斷，他認為中國勢必無法和平崛起。

這裏可以作一個簡單結論，米爾斯海默講述一種沒有絲毫理想可言的理論，我也不同意他「國大必霸」的分析，因為各國有不同的文化傳統，左右了思維方式。不過用現實主義作為理論框架，去分析國際事務，特別用來分析美西方國家的行為，的確較大多數人相信的理想主義遠為優勝。

理想主義的民眾　傻白甜的政治家

現今世界充斥着「傻白甜型」的政治家，從歐盟委員會主席馮德萊恩，到英國外相卓慧思，都是一種典型。她們的形象有點討好，說話相當天真，如今年2月卓慧思與俄羅斯外長拉夫羅夫討論烏克蘭問題時，竟搞錯俄羅斯地區羅斯托夫屬於烏克蘭，並表示不會承認俄羅斯對羅斯托夫的主權。弄得拉夫羅夫有一點「Oh my God」的反應，形容為「似在和聾人對話」。

其實「傻白甜」政治家的流行，有很複雜的制度因素，可說是民主制的濫觴。西方民主制度發展至今，無論是執政黨還是反對黨，通常都是被政治經濟集團在背後操控，民眾選來選去，都只是會選出集團利益的代表，選不出一個可改善他們生活的政客，民眾就很易走向民粹，選一些出位的政客，這種投票思維是：「反正選傳統的甲方或乙方我都是輸，何不如選第三方？」所以衍生出很多類型的民粹政客，他的特色是不需要有真正治國理念，只需要出位吸引眼球；不需要正確，只需要政治正確，投民眾之所好就好了。前英國首相約翰遜會把自己的頭髮弄亂，把襪子反轉穿，還放料做宣傳，搞一個類似年青人不修邊幅的形象，就可以出位當選。選民投票選民粹政客，很易選出不擇手段的機會主義者。

當俄烏戰爭爆發時，歐洲民眾正義感上腦，以理想主義角度看問題。以約翰遜為首的歐洲政客走去撐烏克蘭總統澤連斯基，不支持

烏克蘭的歐洲領袖就面對政治壓力，後來只能一窩蜂跟隨美國的指揮棒，制裁俄羅斯的能源，完全無視歐洲嚴重依賴俄羅斯石油和天然氣的現實，把石頭重重砸在自己的腳上，砸得血肉模糊，還甜甜地傻笑，自認道德感很強。

不要少看「傻白甜」政客的遺害，他們會把國家帶向毀滅，第一次世界中大戰就是這樣，當大批歐洲政客，眼見大戰苗頭已出現，還在議論紛紛，說些政治正確的說話，沒有嘗試制止戰爭的擴大和惡化。世界大戰，往往是愚蠢和衝動疊加而成。

其實西方的民主制度，早已脫離希臘式城邦的全民議政式民主，走進代議政制，本來是要求代民眾議事的政客，有領導民眾的能力，而非百分百聽從民眾的說話，特別是當民眾情緒很激動的時候，更要帶領民眾，抽離現實，作出理性而長遠的決定。但現實世界的政治卻剛好相反，變成民眾愈激動，政客就愈七情上面地表演，作出更激動的決定，大家競相出位，把世界帶向毀滅。

想生存　不要聽信理想主義的一套

本書嘗試提出一個現實主義的分析框架，告訴大家，在無政府主義國際森林中，在弱肉強食的世界，中美和好，並非必然。特別是美國的決策，只是基於自利的需要，上世紀七十年代初，美國深陷越戰泥沼，美國既想跳出戰爭死局，也想找到對抗蘇聯的新方法，所

以想到聯合中國，壓制蘇聯。當時無論從中國還是美國的角度，這都是「不神性的聯盟」，但現實上就是聯合了。當時中國與蘇聯交惡，有需要與美國合作，保障自身的安全。當年的中美合作，背後並無理想支撐，只有生存需要。

中美關係一直和好，直至1991年蘇聯解體，兩國關係的壓艙石開始崩潰。美國沉浸於打敗蘇聯、結束冷戰的歡娛之中，高呼西方民主制就是歷史的終結。開心了十年八載，本來就是要尋找新敵人，2001年1月共和黨小布殊上任總統，中國就是作為美國敵人的最佳目標。但中國龍興有運，2001年9月美國發生「911事件」，美國小布殊政府把原本轉向針對中國的政策，再180度扭轉，要拉攏中國與美國合作，聯合反恐，中國又換來幾年和平。

到了2008年美國爆發金融海嘯，華盛頓又要北京幫手，需要中國放水支撐環球經濟。到2009年美國經濟穩定下來，當時的總統奧巴馬立即轉向，國務卿希拉莉在2009年7月21日在泰國曼谷宣布，美國將「重返亞洲」。歷史轉折，大勢如此。

民主黨政府還講究理念包裝，2017年上台的共和黨統特朗普政府就完全赤裸裸了。特朗普發動貿易戰與中國對抗，又全面封殺華為，中美關係敲響警鐘。

到了今天，中美關係已經質變，大家不要被眼前發生中美關係時好

時壞的小事件，影響了分析的大框架。中美已無法回到以前的和好時代，所有人都要選邊站，不支持中國，就是在支持美國。

在現實主義的分析框架下，中美不是理念主義之爭，不是民主與威權之爭，這些宣傳不值一哂。而是一個新興強國和傳統霸權之爭，即使中國不想去爭，對方都迫你爭，要將中國置諸死地。

中國面對美國這個軍事上超級強勁、經濟上「爛船都有十斤釘」的對手，想生存，就不能聽信理想主義的一套，必須自立自強，壯大自己，武裝自己，強化自己，令美國沒有能力摧毀中國，這是中國生存之道。中國不用稱霸，但若中國沒有保護自己的能力，就如錦衣夜行一樣，最後必將被他人屠戮，世界就是如此現實了。

本書紀錄了過去幾年中國和西方、特別是美國的角力，也是從一個側面，看到對方的制度衰敗，值得大家回味反思。關鍵是觀察國際問題，不要對世界抱有理想主義式的幻想了。

目錄

中美關係

中美關係徹底改變了

中美兩國元首上月底（2019年6月）在日本大阪開會之後，中美關係好像回復正常，但是最近又現暗湧。美國國防部宣布對台出售22億美元軍火，包括M1A2艾布蘭戰車以及可攜式防空飛彈；美國副總統彭斯及國務卿蓬佩奧（Michael Pompeo）亦接見了香港反對派龍頭大佬黎智英。

或許有人會說，美國早已希望對台售武，只不過是因為要舉行「習特會」，才會推遲。然而，對台售武時機完全操縱在美國之手，中美還可能要進行幾個月的貿易談判，再拖遲售武幾個月，一點也不是問題，毋須這樣急於出售武器給台灣。另外，美國深知阿爺與黎智英的關係相當敵對，如果美國要與中國保持良好關係，這些可見可不見的人物，不見就算了，美國還以這樣高級別的官員接見他，副總統及國務卿都去見，當然是一種姿態。無論是美國國務卿蓬佩奧、國防部長沙納漢（Patrick M. Shanahan）或者副總統彭斯，都是反華的鷹派人物。

在「習特會」之後，美國《華盛頓郵報》（*The Washington Post*）形容特朗普一面倒的接受習近平的要求，暫停對3,000億美元中國貨品加徵關稅，甚至願意部分放寬對華為的限制，而美方一無所獲，所以白宮內閣的鷹派是最大輸家。

在「習特會」舉行之前，其實已經見到特朗普盡力壓抑這些鷹派，不讓他們公開挑釁中國，例如美國副總統彭斯原本計劃於6月下旬在美國賓夕凡尼亞州的威爾遜中心發表針對中國的演說，最後被特朗普叫停了。不過，如今鷹派差不多同時間發功，專做一些中國不喜歡的事情。試想一下，如果中美關係正常，即使有貿易糾紛，雙方都願意重開貿易談判，正在商議如何重開談判之際，所有會刺激對方的事情，理應一律不做，希望爭取共識，盡快走回談判桌尋求達成協議。但現實上美國「睬你都傻」，大做一些刺激中國的事情。或許你可以理解成這是美國內閣鷹派的偷襲，又或者是特朗普的小動作。但如果拉闊一點看，你要接受一個事實，中美關係已經起了根本變化，由過去的友好合作關係，變成基本敵對關係，短暫和緩，可能基於利益，而根本的敵對態勢，揮之不去。甚至中美達成貿易協議，也不能改變這個基本格局了。

美國及中國過去能夠合作，關鍵背景是美國是全球的老大，中國不能挑戰到她的地位。美國在軍事、創科、金融等領域獨佔鰲頭，透過這幾方面強大的實力，維持着強勁經濟增長。而中國則透過製造業及龐大人口，勤勤懇懇地賺辛苦錢，吃美國不屑吃的餅碎。不過，隨着中國的GDP成長到美國的六成的時候，中國無論怎樣低聲下氣地低頭做人，都避不開美國這個老大的注意。再加上中國人均產值升到10,000美元的時候，勞工已經不再廉價，低端製造業不斷外移，一定要把產業升級，專注於

創新科技，就更招美國之忌了。

很多人把中美衝突看成為領導人的風格，例如說習近平主席提出「中國夢」或者「中國製造2025」，挑動了美國；又或者認為美國總統特朗普好大喜功，因此挑起中美糾紛。其實，更關鍵的是兩國已經去到兩強相爭的位置。美國可能已經太遲出手，要扼殺中國這樣大的經濟體，已經不容易。特朗普只不過是用一種最粗暴的方式，把美國壓制中國的訴求爆發出來而已。

即使中美重開貿易談判，達成協議，大家也不要太過高興，因為這只不過是特朗普為選舉而搞出來的協議，特朗普連任之後，隨時可以撕毀協議。由於中美兩國已經是敵對關係，美國很容易借一切可以利用的機會，攻擊中國、削弱中國。香港置身於中國及西方兩塊板塊的夾縫地帶，將不免會受到利用，成為外國攻擊中國的武器。我早就說過，未來香港人要在中國和美國中選一個，不是親中，就是親美，沒有中間路線了。

2019年7月10日

兩極世界　長期作戰

中共中央政治局常委會（2020年）4月8日召開會議，國家主席習近平在會上說的兩句話惹起注意：「總體要求是要堅持底線思維，做好較長時間應對外部環境變化的思想準備和工作準備。」

這些「外部環境變化」是甚麼？先看一些事象：

第一，美國軍方堅持在南海的作戰狀態。最近美國太平洋艦隊四艘航母羅斯福號、列根號、卡爾文森號及尼米茲號，先後有人確診新冠肺炎。羅斯福號艦長克羅澤爾（Brett Crozier）因上書叫軍方同意讓官兵離艦以免全船染疫，而被免職。美國代理海軍部長莫德利（Thomas B. Modly）在艦上對官兵的講話曝光，外界着眼於他批評艦長克羅澤爾「天真及愚蠢」。但真正令人擔心的是莫德利宣稱，他不認同艦長克羅澤爾所說的美國海軍「並不處在戰爭之中」的言論，然後表示美國之所以會面臨新冠病毒疫情是中國害的。

美國在南海處於戰爭狀態，對象只能是中國。美國代理海軍部長莫德利當時不批准航母羅斯福號全艦官兵上岸避疫，隱藏一個重大議題：若航母一有人染疫就全船撤離，最後太平洋艦隊全部航母都廢了武功，還有甚麼航母可以在列備戰？當我們以

為自己處於和平時代，美國人可不是這樣想的。

第二，美國要因疫情而向中國索償之聲此起彼落。美國參眾兩院3月24日同步引進兩項法案，要求調查中國對新冠肺炎疫情錯誤處理，並且要求要量化計算疫情對各國的損失，要求中國進行賠償。在此之前，美國前司法部檢察官克萊曼（Larry Klayman）早在3月18日已發起集體訴訟，向中國求償20萬億美元。

以美國為首的西方國家，自己在2月時對控疫掉以輕心，輕言「群體免疫」，搞到疫情失控，但他們不會承認自己決策無方，體制低效，最後一定要找一個替罪羊，說所有問題皆因中國播毒所致，是卸責的最佳口實，可以轉移民眾注意，減輕自己的罪責。所以歐美疫情稍定，一場巨大的反華浪潮，將會洶湧而至。習主席所說的「長時間應對外部環境變化」，就是指這種敵視中國的外部環境。

新加坡國立大學東亞研究所教授鄭永年也提出類似的觀點，疫情帶給世界的三點影響：第一，在經濟上，各國重新反思全球化，爭取對自己國家經濟主權的掌握，通過「產業回歸」的方式調整產業結構，將重要的、與安全民生相關的產業放回自己國家。

第二，在政治上，種族主義抬頭。資本可以在全球流動，知識可以在全球流動，但是老百姓不能自由流動，貧困也無法流動，

政治權力更是無法流動，所以各國主權意識勢必日益強化，民粹主義日漸高漲。

第三，在國際關係上，二戰後的國際體系搖搖欲墜。未來的全球化，或許是「一個世界、兩個市場」，一個以美國為中心的市場，另一個以中國為中心的市場。一些國家跟美國多做些生意，另一些跟中國多做些生意，也有些國家兩邊的生意都做。鄭教授的結論是「逆全球化」已成世界性趨勢了。

香港有些人會認為，中美兩國世界對立，對香港不是壞事，香港將有更多空子可鑽，可以兩頭食。我認為恰好相反，香港只能選邊站，不再能兩頭食。若然香港人選了在美國那一邊，背離了自己的國家民族，最後兩面不是人，下場會很悲慘。

2020年4月14日

中美終須一戰……

反對派「初選」之後，港澳辦及中聯辦發炮猛轟，指「初選」涉嫌違反《港區國安法》。「初選」的主要搞手戴耀廷 2020 年 7 月 16 日在 facebook 上發帖，說「希望在未來一段日子，爭取多一些休息時間，也可以更專注於學術的工作」。

事情可能沒有表面看起來的那麼簡單。在這場「35+」的顛覆陽謀當中，第一步的「初選」是扶起本土激進派，並把傳統泛民捆綁在否決預算案的行動中，如今目的初步達成。戴耀廷號稱「休息」，恐怕是要避避風頭而已，以減少現時被捕的風險。到投票前夕，反對派如何配票，還要他出面協調，所以估計戴耀廷只是暫時由台前退居幕後，如果你以為他要退場，就未免想得太簡單了。

香港回歸 23 年，阿爺當然不會不知道美國、台灣勢力在香港有搞作，只是在「一國兩制」的框架下，只要對方不要搞得太過分，還是默許他們繼續玩下去。但現時中美關係已經去到決裂的邊緣，而香港這個小局，又被操弄成要透過否決預算案去癱瘓香港、脅逼中央的敗局，阿爺唯有出手。

香港已成為美國的棋子，中央被逼入被動的牆角後，出人意表

地打出《港區國安法》這張奇牌，走出破局的第一步。未來香港的小局，仍受着中美大局所牽制。

我愈來愈擔心中美不斷摩擦，最終難免一戰。而這場熱戰，可能在10年內就會發生。近日有些動態，值得關注。第一，世界銀行及國際貨幣基金會預估，到2024年，按 GDP 總量計算，中國會超越美國，成為世界最大經濟體，而印度會上升到第三位，日本下跌到第四位，印尼排第五，俄羅斯排第六，德國排第七。

中國去年（2019年）的 GDP 總量大約是美國的67%，今年（2020年）美國經濟急速萎縮，而中國抗疫成功，GDP 可能仍然會有正增長，一加一減，中美兩者差距進一步拉近。但若說到四年之後，中國的 GDP 總量已經超過美國，也是一個很大膽的預測。值得注意的是，美國對世界銀行及「國基會」有重大影響力，它們這個預測，是褒獎或是刺激，目前還說不清。但當美國將被中國超越的感覺愈來愈強的時候，美國人排拒中國的態度將會愈來愈明顯。

第二，美國礙於疫情，暫難反擊中國。美國的新冠疫情極其嚴重，每天有超過六萬新增確診個案，經濟一重啟，疫情便爆發，經濟陷入一個艱難的苦戰當中，美國現時的狀況可以說是極其脆弱。

近年中美關係有兩個意外：第一，特朗普開打貿易戰。原本中國估計中美仍會維持和平局面三、五年，中國可以爭取空間發展經濟。但2018年特朗普搶先開打貿易戰，兩國關係迅速轉差，出乎意料之外，一度令中國處於被動，其後中國穩住陣腳，在今年初與美國達成首階段貿易協議；二、美國對香港訂立《國安法》回應的軟弱程度。中央行出為香港訂立《國安法》這一步，已經預備了以美國為首的整個西方世界向中國大力制裁，中國可能要捱三至五年。令人意外的是美國的回應相當軟弱，都是一些雷聲大、雨點小的行動。美國國務卿蓬佩奧對此顯然深深不忿，所以在社交媒體上貼出一張自己的狗咬「維尼熊」的相片，去諷刺習主席。蓬佩奧以這種「小學雞」的方式自慰，哪像一個全球大國外長所為，反映了他滿腔的不忿。不過，中國也不可以對美國的態度掉以輕心，說不定美國在抗疫方面一企穩陣腳，就會轉而對中國開刀。

今年11月美國總統大選，是最大的變數。如今特朗普的選情落後，難保他不會搞一些出位的軍事摩擦，藉着與中國對抗，來提振個人選情，或許這只是一些小摩擦，還不是大衝突。我更擔心的是，當中國的經濟總量逼近美國的時候，更大衝擊就會到來。美國如果覺得國力承受得到，絕對不介意向中國動武，阻止中國趕超。

未來十年，是動盪的時代。在中美之間，香港人別無選擇，只

能站在中國的一方。不願意作此選擇，唯一的出路，就是移民他國了。

2020年7月18日

到處搞「框架」的美國可以排擠中國嗎？

美國（2022年6月8日）在洛杉磯召開美洲峰會。消息指美國總統拜登將在峰會上宣布搞一個專為美洲而設的經濟框架「美洲經濟繁榮夥伴關係」（Americas Partnership for Economic Prosperity, 簡稱 APEP）。

美國上月（2022年5月）剛在亞洲搞了一個「印太經濟繁榮框架」（Indo-Pacific Economic Framework, 簡稱 IPEF），明顯是拉攏印太盟友包圍中國的動作。現在，美國又要在美洲搞美經濟框架，目的還是一樣，是想壓制中國在拉丁美洲的影響。美國早前搞的「印太經濟繁榮框架」包含了四大支柱：一、數碼經濟；二、供應鏈；三、環境保護；四、反腐敗。而「美洲經濟繁榮夥伴關係」內容包括：一、氣候變化；二、供應鏈；三、工人權益。

兩個框架都有兩點共同特色，包括：一、聚集供應鏈。說白了就是想建立排除中國的供應鏈；二、不涉關稅領域。兩個框架都並非傳統的自貿協定，所以並不涉及降低外國商品入口美國關稅。據說美國政府想將「美洲經濟繁榮夥伴關係」優先開放予幾個與美國簽訂了自由貿易的國家。另外，亦希望重振已荒廢了的美洲開發銀行，為拉美國家提供資金。

但這一切都顯得有點一廂情願。美國開始在拉丁美洲充滿無力感，主要有兩大原因：

第一，一個殘缺的峰會。美國這次召開美洲峰會，卻宣布不邀請古巴、委內瑞拉和尼加拉瓜政府參與，事件招致拉美大國墨西哥總統奧夫拉多爾（Andrés Manuel López Obrador）反對，他直言因為美國將部分國家排除於外，他自己不會出席此次峰會。另外，危地馬拉、洪都拉斯和薩爾瓦多等多國亦表明，不會出席這次美洲峰會。

另一個拉美大國巴西的總統博索納羅（Jair Bolsonaro）雖然同意出席美洲峰會，但事前開出條件，要求美國總統拜登不能在見面時提及那些「不愉快事件」，博索納羅所指的「不愉快事件」是指兩年前（2020年）巴西政府在亞馬遜森林砍伐樹木，當時拜登正在競選，為此嚴厲批評博索納羅。博索納羅與特朗普友好，就此與拜登結下樑子。

過去，美國總統願意與發展中國家的領袖會面，發展中國家領袖歡喜也來不及，如今變成事先要美國總統同意其開出的條件，才願意參會見面，可說是「一百歲唔死都有新聞」聽了。

第二，美洲框架殊不吸引。由於這個美洲經濟框架並不是自由貿易協定，能夠吸引美洲國家參加的誘因很低。而那些原來與

美國有自由貿易協定的國家，若參加了這個框架，只會附加新的條件，例如要排斥和中國在供應鏈上面合作，在沒有好處但有責任的情況底下，為甚麼要參加呢？須知道中國在拉丁美洲有大量的投資，而美國雖然視拉美為後花園，但甚少願意出錢幫助拉美國家。

早前美國與東盟特別峰會上，提出1.5億美元援助，當中的大部分還是花在美國的供應商身上，被人恥笑美國提供東盟的所謂資助，都不及中國用在當地一天的資金。

巴西一家諮詢公司的合夥人巴拉爾（Welber Barral）向路透社表示，中國經常在運輸和基礎設施方面帶來投資，這有助於雙方在穀物和金屬領域的貿易交易，而各國政府常常認為美國只是在誇誇其談，「拉美政府抱怨美國只會開很多會，卻從不提『錢在哪裏』？」

根據聯合國商品貿易統計數據庫統計的數據顯示，拜登就任美國總統以來，中國和拉美國家之間的貿易額不斷擴大。中國與這些國家之間的貿易量已經超過美國同這些國家之間的貿易量。除去和美國有自貿協議的墨西哥，去年（2021年）拉美各國和中國之間的進出口貿易總額達到近2,470億美元，遠遠高於與美國之間的1,740億美元。

結論是美國要在全球圍堵中國，但提出來的都是一些自私的協定，美國自己不願意多作投資，也不願意降低關稅讓盟國有更多的商品入口美國，害怕影響美國人的就業，但又要各國承擔義務，一起狙擊中國，切斷中國的供應鏈。試問，這個世界那有這種變相是「美國優先」的免費午餐，讓美國自由享用呢？

2022年6月10日

民族復興　民心無價

一場中美高層外交角力，一幅將120年前也是辛丑年中國和列強簽訂《辛丑條約》和如今中美會談（2021年3月18-19日）的對比照，驚覺120年兩個甲子，已換了人間。

想起2018年我去了天津，到意大利舊租界，見到近兩百棟舊建築。這原來是意大利在本國以外唯一的租界，這個意國風格舊建築群美則美矣，卻烙印着1900年八國聯軍攻入北京、清朝割地賠款的屈辱歷史。

翻查歷史，聯軍入侵中國之時，總數才三萬多人，竟打敗了清政府幾十萬大軍。原來意大利只出了80人參與聯軍攻華，就侵佔了我們天津的大片國土，可悲呀！中國當時有四億人，對方彈藥補給是以月計船程，如果中國民氣能夠凝聚，血肉長城守土衛國，即使犧牲一、二十萬人，對方彈盡糧絕，也可全殲敵軍。可惜國窮民弱，夫復何言。最後戰敗簽下割地賠款的《辛丑條約》，向各國賠償天價的4.5億兩白銀，更令中國窮上加窮，弱上加弱。

這次天津之行，令我記起國家主席習近平在香港回歸二十周年紀念到港期間，在「七一」發表講話，說起1842年清朝在鴉片

戰爭失敗後割讓香港的歷史，習主席說：「十九世紀四十年代初，區區一萬多英國遠征軍的入侵，竟然迫使有80萬軍隊的清朝政府割地賠款、割讓香港島。鴉片戰爭之後，中國更是一次次被領土幅員和人口規模都遠遠不如自己的國家打敗。」我在台下深有所感，國弱，人多也輸給人少的，不斷被人欺負。被人欺負，就更加弱。

所以如今中國在中美會談中站起來，挺直腰板對美國說：「中國人不吃這一套」，「美國人沒有資格居高臨下同中國說話」。中國人谷了120年冤屈氣，一朝盡吐。如果中國沒有民族復興的大背景，即使想說，也無能力說出這種話。

對於這場中美會談，我有幾點觀察：

第一，中國發話，有備而來。外交官是最聽從指示的隊伍，最講究授權。政治局委員楊潔篪和外長王毅，更不是隨便說話的人物，相反他們是審慎派。他們夠膽對美方如此發話，就是起行前得到最高領導的授權，明示若美方過界，就火力全開去還擊，這就是中國的態度。所以如果中方採取這種行動有風險，就是一種「經盤算的冒險」，不是一時衝動。

第二，展示底線，止戈為武。中國經歷特朗普時代，對美的外交政策已調整，由過去的一味容讓，盡量低頭；轉變為嚴守底線，

隨時反擊。這是中國式的「止戈為武」策略。在中美貿易戰時，特朗普就對中國膽敢報復反加美國關稅時，大感意外，即時暴怒。但風雲過後，中美貿易戰還是達成協議收場，因為美國的手上的牌已不多了。

如今拜登上場，對中國又是那種拉盟友包圍中國擺晒彩的策略，既要實益，又要面子。中國不吃這一套了，在會談中向美國講明底線何在，關鍵是中共對中國的統治神聖不可侵犯，你一掂就反面，同時香港問題、台灣問題、新疆問題也是中國內政，你美國不要碰，你一碰大家就玩到底吧。

第三，風險可控，民心無價。當然，中國這樣做自然得罪了美國，有一定的風險，但這種風險值得冒。一則，美國反擊的選項有限，她要對中、俄兩大國同時反面的成本太大，而歐洲甚至日本、英國也不是和美國完全一條心，只有一個死忠的澳洲小弟弟，辦不了圍堵中國這件大事。

二則，中國民心對政府的擁護，到了空前的高度。日本網友看完中美會談也羨慕了，說希望日本也這樣，討厭日本的「窩囊外交」。當你看到美日2+2會談後，矮小的日本首相菅義偉向高大的美國防長奧斯汀（Lloyd Austin III）鞠躬的照片，就明白甚麼叫「窩囊外交」，相反地更突顯中國的民族之魂。

中國的七十後、八十後成長於中國開放之初的年代，比較崇美。近年中美之爭和香港之亂，令中國的九十後和○○後的一代人更愛國，不再有盲目崇美的所謂「公知」（其實自稱公共知識分子也相當矯情）。這九十後和○○後的一代，是中國的未來。中國在對美外交上有理有節地出招，贏來的民心無價啊。

2021年3月23日

新疆棉花大戰背後是中美高效與失效制度的較量

新疆棉花之戰愈演愈烈,除了 H&M 之外,Nike 和 Adidas 等國際品牌也爆出曾經揚言抵制使用新疆棉花,在國內紛紛被下架。導演這場「抵制新疆棉花事件」的美國,總統拜登召開他上任以來第一場記者會,他在會上詳細地講述對中美關係的看法。

拜登說他上任後與中國領導人習近平通了兩小時電話,向對方表明美國並不尋求與中國對抗,但美中之間存在激烈競爭,美國堅持要求中國按照國際規則公平競爭。他聲稱中國想成為世界最強大的國家,但在他的任內,中國不會成功,因為美國會繼續發展壯大。拜登形容中美之爭是「民主和專制的較量,而美國必須證明民主是起作用的。」

拜登和特朗普的最大不同是一個是偽君子,一個是真小人。拜登一如過去的民主黨總統,擅於用理念搞華麗包裝,不像特朗普那麼粗鄙直接。中美之爭實質上是中美國力之爭,但拜登將其包裝成「民主和專制的較量」。如果說是體制較量,我倒認為這是高效體制和失效體制的較量。

我聽完拜登的記者會,有三個問題想問他。

一、民主制為甚麼會說謊呢？美國教科書說民主是正義的體制，社會主義國家才是說謊的政權。然而，在現實上看到，美國的謊話愈講愈多，特朗普的謊話，拜登繼續講下去，所謂新疆有「種族滅絕」和「強迫勞動」，就是一種彌天謊話。美國提供不了一絲證據，那怕是一張照片、一段視頻，證明新疆維吾爾人被逼勞動，但照樣去制裁。

去年（2020年）7月，港商楊敏德的溢達集團在新疆昌吉市的棉紗廠，美國商務部列入出入口管制的實體黑名單，美國指該廠強迫新疆少數民族進行勞動。溢達集團行政總裁車克燾對這些指控感到既冤屈也無奈，他說巴不得邀請美國的指控者到當地調查，還他們一個清白，美國當然不會理睬。

外界原本期望拜登會推翻特朗普的謊言，改變這些無理的制裁，但拜登為了壓制中國，竟然變本加厲，發動歐盟一起制裁。作這些謊言決策的是甚麼民主政體？

二、民主制為甚麼會搞老人政治呢？30多年前，我還是在讀大學的年代，那些社會主義國家的領導者，到七、八十歲仍霸着領導位置，不肯下台。但到了今天，美國這個民主大國，才有老人政治。現年已78歲的拜登剛剛在記者會上宣布，他會競逐連任下屆總統，如果他成功連任到兩任任期完結的話，他做總統會做到86歲才落任。美國是一個有3.3億人口的大國，竟然無

人才到如斯地步？

三、民主政制為甚麼會負債纍纍、外強中乾呢？1991年蘇聯為甚麼會解體？當時列根上台做美國總統，他用了一個很具戲劇性的「星戰計劃」，去狙擊蘇聯。列根知道當時的蘇聯外強中乾，表面上軍事力量很強，但卻負債纍纍，經濟虛弱。於是搞出一個像荷里活電影一樣的星戰計劃，吹噓會大量發展外太空武器，刺激蘇聯跟進。蘇聯果然中計，投入巨資搞星空武器，因而拖垮經濟，倒台收場。

大家看今天的美國，其經濟虛弱體質，和當年蘇聯一樣。拜登一上台，先推出一個1.9萬億美元的經濟救助計劃，隨即又會再推3萬億美元的刺激經濟措施，包括大量投資基建和新能源、人工智能等新產業。分析估計美國今年（2021年）的財政赤字會高達3.7萬億美元。美國紐約曼哈頓有一個巨大的跳字時鐘，時刻顯示美國國債的最新規模。截至今年3月1日，數字首次超過28萬億美元，單是去年已增加了4.6萬億美元。美國債務總規模約等於美國 GDP 的30%。如果將這個數字換成一張張的100美元紙幣，可以從地球表面堆高至國際空間站，而且是28次，美國債務仍在急升之中。

我經常指出美國瘋狂印錢、巨額借債，不能持續。我有朋友笑說這是「美爆論」，說美國會崩潰，但講極美國都未崩潰。我說

美國若繼續現在先使未來錢的錯誤政策，任由雙赤暴漲，透過無限量印鈔支撐經濟。這完全違反宏觀經濟學的基本原理，即使美元有霸權地位，也總會有崩潰的一天，而且崩潰到來的時候，會像蘇聯般無聲無息的突然出現。

美國是民主制度失效，各環節開始失控。美國政府只顧搞民粹化妝，不做好基本的事情，還將施政的失敗，歸咎於中國的競爭；自己的制度千瘡百孔，還強迫別人一定要跟隨。在這場高效與失效制度的較量當中，我會買失效的制度，不能永續。

2021年3月27日

中國的蜜桃在哪裏？

美國常務副國務卿舍曼（Wendy Sherman）訪華，最後上完課離開。外長王毅和副外長謝鋒見他時提出六個要點、兩張名單、三條底線，發重炮轟擊美國。

舍曼先與外交部副部長謝鋒會面，會未開完新華社不斷發新聞稿詳述謝鋒會上的觀點，過去罕見。謝鋒提出六點：

一、中美關係陷入僵局，根本原因是美國把中國當作「假想敵」。

二、中國老百姓的眼睛是雪亮的，美國對中國壓制是本質，合作是權宜之計，競爭是話語陷阱。有求於中國時就要求合作，在有優勢領域上，為了壓制中國，不惜衝突對抗。

三、美國所謂「維護基於規則的國際秩序」，是想用自己規則打壓中國。

四、美國應先解決好自己的人權問題，沒資格用全球民主人權代言人自居。

五、中國願與美方平等對待、求同存異，美國應改轅易轍，尊

重選擇與中方互相尊重，和平共處。

六、中國文化主張己所不欲勿施於人，但面對外來干涉，會採取合理合法方式反制。

除上述六點，謝鋒還提出兩份清單，一是要求美方糾正對華的錯誤言行清單，包括美方撤銷對中方的制裁；另一是中方關切的重點清單，包括盡快批准中國留學生赴美。中國直接快速地公布立場。而舍曼因時差問題，差不多隔了半天後問准上級，才公布她會上提及的事。

若說中方官員批評美國言行很有創意的話，舍曼的說話基本上是老調重彈。她說美方歡迎中美之間激烈競爭，不尋求與中國衝突，但卻提出對中國一系列關切，包括北京對香港的反民主鎮壓、新疆正進行的種族滅絕和反人類罪、西藏的虐待、對媒體准入及新聞自由的限制、台灣海峽和南海的行為等等。

看舍曼和謝鋒會談，見到美方雖堅持反華立場，但卻沒提出甚麼創新觀點。

會前美國「吹風」說在中美關係當中加設「護欄」，王毅接見舍曼時，明確提到如何看待「護欄」問題，認為要防止中美關係失控，中方只有三點要求，即三條底線：一、美國不得挑戰詆毀

甚至顛覆中國社會主義道路和制度；二、美國不得試圖阻撓甚至打斷中國發展進程；三、美國不得侵犯中國的國家主權，不能破壞中國的領土完整。涉疆、涉藏、涉港等問題，從來不是甚麼人權民主問題，而是反疆獨、反藏獨、反港獨，都是大是大非問題，台灣問題更是重中之重。

王毅「三條底線」，十分清晰。就是中方建議設置中美之間的「護欄」。當然，舍曼與謝鋒會面時中提及香港、新疆等問題，已觸碰到王毅的「三條底線」其中一條。看完這次中美交鋒，我有幾點觀察：

一、美國並未能從「實力地位」說話。舍曼訪華前，美方不斷地吹要從「實力地位」出發，與中國會談。對此，中方大表反對，這也是王毅會前說要為美國「補上一課」的原因。結果，會談後，美方官員，再沒提「實力地位」。現實上，中國官員這樣給舍曼「上課」，亦看不到美國展示了甚麼「實力地位」，中美只是平起平坐地接觸。

二、中國清晰地表達立場，美國老調重彈不敢出位。現實上，要求舍曼訪華時不提涉疆涉港問題，難度很高，因她難向美國選民交代。王毅接見她的時候直接回懟，事後見不到舍曼大力反駁王毅的「三條底線」。可以說，美方調子不高。從外交對弈角度而言，美方無論氣勢上和內容上都輸了一仗。

三、美國有所求。中方透露，美國在朝鮮核問題、伊朗核問題上，都尋求中國幫助。相信這只不過是美國向中國要求幫忙的一部分。此外，美國希望中美關係正常化，如兩國互派大使須回復正常，改善經貿關係；更加重要的是，美國希望國家主席習近平能在 G20 峰會期間，與總統拜登會面。美國有求於中國，中國自然要求美國禮下於人。中美對有禮的定義，尺度或不同。美國以超級大國自居，覺得舍曼在會議上表述立場較為克制，已是一種示好行為。中國明白美國的姿態，當然不會全面收貨。

但在兩國會談後，傳出中國派秦剛赴美任大使，算是中美恢復對話溝通後的一個小小友好舉動。但講到中美首腦兩國峰會，中國就要問，究竟蜜桃在哪裏呢？

拜登最愛搞形式主義，希望搞高層峰會。他之前為求與俄羅斯總統普京會面，送俄羅斯一個大蜜桃，宣布美國不再反對興建俄羅斯連接德國的北溪二號天然氣管道。中國不想搞峰會和美國嗌交，就要問美國：「究竟你有甚麼蜜桃可以給我？」

總的來說，舍曼這次訪華，無疑是自己送上門去接受中國教訓。兩國關係似乎有輕微改善，但未來矛盾和挑戰，仍然很多。

2021 年 7 月 28 日

只要美國夠傻　台海就可以開戰

美國總統拜登在當地時間（2021年）9月9日同中國國家主席習近平進行了電話通話。拜登在通話時對習主席表示，兩國沒有理由由於競爭而陷入衝突。美方從無意改變「一個中國」政策。

但差不多在同一時間，美國資深官員正與台灣國安會秘書長顧立雄和「外交部長」吳釗燮，在距華府約50哩的馬里蘭州首府安納波利斯，舉行特殊管道對話。

英國《金融時報》（*Financial Times*）在當地時間9月10日獨家報道美台會晤的消息，指雙方傾談的重要議題，是美國政府正考慮將台灣在美國的代表機構「駐美國台北經濟文化代表處」，更名為「台灣代表處」。這個會晤透露出多種訊息：

一、這次的特殊管道會議，代表着拜登團隊首次與台灣高層進行面對面會談。今次拜登政府團隊見台灣的「外交部長」，對話層次抬得較高。

二、更名是極具象徵意義的行動。立陶宛早前做這件事，中國馬上撤回駐立陶宛大使，等如把外交關係變相降級，美國無理由不明白行動的敏感性。

三、放料時間也有透露着訊息。美國把有意更名的消息由英國媒體放出街，有放氣球看中國反應的味道。而在習拜通話剛結束就放料出街，似乎顯示拜登一方面向習主席表示「無意改變一個中國政策」，另外又玩更名的小動作，向反華的選民交代，是一種「又要威又要戴頭盔」的低能態度。中國對此反應強烈。外交部發言人趙立堅昨日（9月13日）指出，台灣問題是中美關係中最重要、最敏感的核心問題。中方已就媒體報道的有關動向向美方提出嚴正交涉。美方應慎重處理涉台問題，以免嚴重損害中美關係和台海的和平穩定。

內地《環球時報》更提出中國應進行的具體反制行動。包括：

一、中國從美召回大使，這很可能是中方外交上的「最低反應」，否則的話中國無以為一個中國原則立威。

二、嚴厲經濟制裁台灣。如果美台操作改名，已經涉嫌觸碰《反分裂國家法》紅線，屆時大陸應在經濟上嚴厲制裁台灣，甚至視情況對台灣實施經濟封鎖。

三、將台灣空域納入解放軍巡航範圍。在軍事上，大陸戰機在那種情況下應當飛到台灣島上空去了。《環時》預料台灣軍隊不敢阻擋解放軍戰機飛越台灣島，如果台軍膽敢開火，那就讓我們義無反顧地給予「台獨」勢力決定性和毀滅性的打擊。

如果美國真是容許台灣駐美機構改名，而大陸亦進行《環時》所述的反應的話，台海已在戰爭邊緣了。

拜登為何既要求和習主席通電話，又同時玩台灣更名？這是高招還是低招呢？

我認為不要高估美國的決策能力，現今的拜登政府，其決策能力和1962年處理古巴導彈危機時甘迺迪（John F. Kennedy）政府天差地別。當年是英明決策的經典，如今是笨拙的經典，你看美國在阿富汗撤軍的安排可見一斑。

中國的決策思路明顯，維持國家統一是最核心的利益，你去觸碰台灣問題，中國的立場是鐵板一塊。古惑的特朗普懂得玩一玩便走，怕只怕「瞌睡喬」玩完不懂得走。

《金融時報》指，如今拜登政府對是否執行更名政策的辯論焦點之一在於，更名是否成為一種加劇美中關係緊張，卻對美台關係收效甚微的象徵性行動。

如果這麼簡單的問題美國政府還要辯論，美國政府的判斷力真正低到令人吃驚。

結論是中國的思路清楚可測，美國的思路混亂難測。只要美國夠傻，台海是可以開戰的。

2021年9月14日

中美會談的死議題和活議題

國家主席習近平昨日（2021年11月16日）與美國總統拜登舉行視頻會談，會後雙方吹和風，沒有嗌大交。

大國外交談判，通常都是講一套，做一套。要睇官員「吹風」，從吹出的風向，你就知道他「講一套」是想講甚麼，從此推敲他「做一套」是做哪些，通常是「吹風」講到輕描淡寫的事情。

白宮資深官員星期天（2021年11月14日）傍晚舉辦了拜習會的背景「吹風會」。事後美國之音的標題是這樣的：「拜習會周一晚登場　拜登將『坦率直接』提台灣、人權等議題」。

從報道可見，這場「吹風會」內容豐富，主要包括幾方面：

一、此次會談十分重要。白宮資深官員表示，這是拜登總統上台後與中國國家主席習近平的首次面談，即使之前兩人已經通過兩次歷經數小時的電話，而本次視訊會議也非實體面對面，但也能透過比講電話更好的方式來溝通，加上近來中國國內政局發展，習近平集權力於一身，美中兩國元首直接對話，對於負責任的管理美中雙方競爭，是非常重要的。

美國想突出這次會談的重要性，固然視為拜登的外交成就。

二、美國聲稱的主要話題。白官資深官員表示，在本次會議上拜登總統將強調的兩大關鍵議題。第一，是要確保競爭不會演變成衝突，拜登將清楚說明美國的動機與優先事項，來避免誤解。希望透過對話，建立「常理性護欄」（common sense guardrails），雙方保持暢通對話管道，來避免誤算或誤解，借此來維持負責任的競爭。

第二，拜登與習近平將討論美中之間異同之處。拜登將告訴習近平，美國關切中國的某些作為，包括中國政府對企業的補助、其經濟作為、人權、中國對台灣脅迫性並挑釁性的作為，還有科技、網絡戰略等方面。而包括氣候變化、健康安全等國際議題是美中利益相交之處，也會是討論的議題。

美國之音詢問，拜登總統在對台灣安全的承諾、對香港、西藏、新疆等地人權的堅守方面，將提出何種「護欄」。資深官員回應，拜登在之前與習近平的多次對話當中，皆清楚表明美國立場；在拜習會上，亦將對習近平「坦率且直接」地清楚表明人權是美國的基因（DNA），是普世價值，而美國關切中國的人權侵犯。

我認為美國講到人權，一定會大大聲強調，表明在會談中會提出，這是她「講一套」的東西，在以往的外交談判都屢見不鮮。

但這些都是「死議題」，無甚麼可講，你講完你的立場，我又講我立場，很難找到共同點。但白宮資深官員如此強調，只是想向愛好此議題的國民交代。美國之音亦都「識做」，把「拜登將坦率直接提台灣、人權等議題」造成標題。

三、隱藏的真焦點。白宮資深官員把會議目標講到輕描淡寫，強調本次拜習會並未設立特定要達成的目標，所以包括最近受到熱議的中國發展核武、美國對中國商品的關稅等議題，並沒有預期將在本次雙邊會談中達成任何具體成果。資深官員說兩人將會談到幾項經濟議題，包括美國貿易代表戴琪（Katherine Tai）多次公開指出的中國利用國家補助企業，也將提到供應鏈，不過關稅則沒有安排在美國的議程上。

我覺得白宮官員一方面做期望管理，另一方面把經濟和關稅等要中國配合的領域輕輕帶過，這才是會談的真焦點，也是「活議題」。財長耶倫（Janet Yellen）也在座，顯見經濟是重要議題。美國頂不住通脹想減中國貨關稅，希望中國有回報，想中國多買美國貨，想人民幣不升值，想中國協助美國解決供應鏈問題。中國見你肯讓步，這些話題都可以談。

「吹風」很豐滿，現實很骨感。在真正會晤時，習主席直指，「以台制華」將玩火自焚。拜登只能回應，明確重申美方不尋求改變中國的體制，不尋求通過強化同盟關係反對中國，無意同中國

發生衝突。美國政府致力於奉行長期一貫的「一個中國」政策，不支援台獨，希望台海地區保持和平穩定。

拜登在會晤沒有擺出硬姿態。「吹風」講一套，現實做另一套。你有表示，中國也有回報。中美關係，暫時可以吹點和風吧。

2021 年 11 月 17 日

台海成超級火藥庫

美國借台灣向大陸施壓，台海的局勢日趨緊張。最新消息是一架解放軍武直-10直升機越過台海中線900米，據台灣方面的消息，武直-10在（2022年）5月10日進入台灣所謂的「西南防空識別區」，是一年以來有大陸軍機越過台海中線。

武直-10綽號「霹靂火」，可攜帶空對空飛彈、反坦克飛彈和火箭彈。武直-10本身是攻擊直升機，可以搭載特種作戰部隊，武直-10這種「奪島利器」過台灣中線，就有其政治含意。

大陸的軍機飛越台海中線，必有大事。上次是去年（2021年）5月20日，台灣的所謂「總統」就職一周年，當時有兩架殲轟-7採取擦邊球的方式越過台海中線南端。再對上一次是2020年9月18日，一架殲-10和一架殲-16戰機越過台海中線北端，當時是美國助理國務卿訪台。過去兩次都是快速的戰機越線，而武直-10今次是慢速越線。

武直-10今次越過台海中線，估計是針對兩件事情。

一個是美軍康德羅加級導彈巡洋艦在同一天通過台海，美國軍艦最近差不多每個月都通過台海一次，今次已經是今年（2022

年）第五次，向中國挑釁的意味很濃，因為美方不單止派軍艦穿過台海，還主動發布消息來製造宣傳效果；另一個事件是美國國務院在其網站內，刪除了「美國承認台灣是中國的一部分」和「美國不支持台灣獨立」這些重要內容。雖然事後美國重申「一個中國」政策，但美國玩小動作的姿態相當明顯。

相信這兩件事件是直接觸發武直 -10 飛越台海中線。

其實，台海近期早已戰雲密布，大陸除了派調遼寧號航母在太平洋演習，進行超過百次的戰機起降之外，部署在日本橫須賀的美國航空母艦列根號 5 月 8 日出港，與正在菲律賓海的林肯號航母形成「一南一北」，包夾正在石垣島海域的遼寧號航母編隊。美國的一系列行動，被解讀為美國總統拜登在兩星期後的亞洲之行鋪路。

美國無論是進行所謂台海自由航行，或者是國務院網站刪除「不支持台獨」等內容，都被視為「薩拉米香腸戰術」（Salami tactics），亦稱「切香腸戰術」，這是一種漸進戰術，用漸進方式越界，考驗對手的底線。而中國回應的方式是以牙還牙，你切香腸我也切香腸，在台海附近舉行大型軍演，又派武直 -10 飛越台海中線，也是一種「切香腸行為」。中美這般操作，台海局勢不斷升溫，漸漸成為一個火藥庫，已不能排除擦槍走火的風險。

美國防部長奧斯汀在上任之初（2021年年初），曾要求與中國軍方高層對話，當時中國表示會派中國國防部長魏鳳和與奧斯汀會晤，但奧斯汀卻執意要與中國更高層級的官員會面。去年（2021年）8月，美國國防部發言人表示，與奧斯汀對等的中國國防官員是中央軍委副主席，而不是中國國防部長，雙方一直談不攏。直至今年初，美方立場軟化，國防部長魏鳳和4月20日應邀與奧斯汀通電話，討論了中美國防關係、地區安全和俄烏衝突等事情。

中美國防部長對話之後，美方傳出消息，說奧斯汀尋求在今年6月新加坡舉行「香格里拉對話」時，與魏鳳和見面。外界解讀奧斯汀放低身段，主動要與魏鳳和會面，是因為美國政府高層，如國務卿布林肯（Antony Blinken）等人對中國採取強硬立場，中美關係不斷惡化，令軍事衝突的危機升級，反而，像奧斯汀這樣的軍方高層不希望美中擦槍走火，想與魏鳳和會面，商談雙方管控軍事衝突的可能性。

無論如何，即使中美兩方的軍方高層會在6月會面，但也難以改變中美的大局。而美國政府執意要到亞洲建構「小北約」，要聯合英國、澳洲和紐西蘭等國家插手亞太，甚至想拉攏印度搞「四方對話」，針對中國，美國這些想將亞太區軍事化的取態，彰彰明甚。

中國只是作回應式的行為，如果中國的回應不夠強硬的話，美西方的軍事包圍網，將會圍到中國門口。可以預見，台海局勢只會愈來愈緊張，和和氣氣的日子，已經一去不返。

2022年5月13日

美國「跌落地揦返拃沙」決策模式

國務院副總理劉鶴於（2022年）7月5日應約與美國財政部長耶倫進行視像通話，會後中方形容「交流富有建設性」。中方表達了對美國取消對華加徵關稅和制裁、公平對待中國企業等問題的關切。

估計這場會議的討論核心是：

一、美國打算取消部分對華加徵的進口商品關稅，事先通報。中方要求美國全面取消所有進口商品加徵的關稅和對中國的所有制裁，估計美方沒有全面應允。

二、美國在削減對中國加徵的關稅的同時，希望中方配合，協助美國降低其高達8.6%的通貨膨脹率，例如在全球供應鏈穩定等問題上協助美方，不會因為中國貨品斷供而推高美國物價。

三、中美雙方的氣氛比較友好，所以中方形容討論「富建設性」。

就現時傳出的消息，美國研究削減中國進口產品關稅的態度，仍然拖泥帶水，因為美國政府內部出現兩派，一派是以美國貿易代表戴琪和國家安全顧問沙利文（Jake Sullivan）為代表，這

幫人可稱為鷹派，他們認為不宜調降對中國進口產品的關稅，因為取消加徵的關稅等如美國失去了貿易談判的籌碼。

另一派主要是美國財長耶倫為代表，她認為，美國通脹高企，雖然削減中國進口產品加徵的關稅，對壓抑美國通脹的幫助輕微，但仍然應該盡快進行，所有能夠拉低通脹的事情都要做。她可以稱為鴿派。

拜登就在削減中國產品關稅和維持對華強硬姿態這兩種意見之間，猶豫不決。

現時美國媒體傳聞拜登政府考慮「一減一增」雙軌並行的方案，會削減一些對美國通脹影響比較大的中國進口產品的關稅，例如民生消費品；與此同時，提高從中國進口工業機械、運輸設備等戰略物品的關稅。《華爾街日報》（*The Wall Street Journal*）此前報道，美國可能啟動一項新的301調查，重點關注中國對高科技工業項目的補貼，此舉可能導致對一系列中國產品加徵新的關稅。結論是美國將會推出一個尷尷尬尬的關稅政策，貌似平衡，但影響了美國削減關稅以減輕通脹的力度，可以說是「跌落地揦返拃沙」的決策模式，拖泥帶水。

拜登在壓抑通脹方面的政策，經常自相矛盾。去年（2021年）先是低估了通脹的風險。到今年危機全面爆發的時候，亦未能

夠大刀闊斧地推出反通脹政策。例如全面削減中國進口產品加徵的關稅，完全是美國政府可控的範圍，連國會通過也不需要，只要拜登一聲令下，就可以馬上做到。但是，拜登卻猶豫不決，拖延了幾個月。到決定要削減中國產品關稅了，就像擠牙膏般逐點削減，影響了政策的效果。

其實，美國通脹的核心問題，不是中國關稅，主要有兩方面。一方面是此前聯儲局大量印鈔，採取量化寬鬆的貨幣政策，以至把利息降至零，導引出過量的需求。到今年聯儲局開始透過激進加息去制約過熱的經濟。

另一方面是俄烏戰爭導致能源和糧食價格急升。但拜登的政策完全無助於控制能源和糧食價格的飆高。主要是一、他不但沒有鼓勵烏克蘭和俄羅斯和談，反而向烏克蘭提供大量武器，就令到戰鬥延續下去，能源和糧食價格也升個不停；二、拜登死不認輸。他對俄羅斯發起的多輪制裁，但盧布兌美元匯價不跌反升，拜登不認輸，繼續推出更多制裁措施去針對俄羅斯。但那些措施做不到壓抑俄羅斯的效果，卻令到國際能源價格更高。股神巴菲特最近大力投資美國的西方石油，就知道他對於油價下降，一點也不樂觀。

總的來說，美國的通脹高企，是源於一波又一波的政策失誤，美國政府現時根本沒有維持對華加徵的關稅的條件，美國也不

具備向俄羅斯進一步施壓的本錢，勉強為之，就只能出現反效果了。

2022年7月6日

美國的偽善

民主社會及其敵人

美國總統特朗普終於在政府關門危機上讓步，雖然興建美墨圍牆的撥款一毛錢都未取得，並同意重開政府三星期，對手眾議院議長佩洛西（Nancy Pelosi）大勝，如果此時佩洛西宣布：兩年前的美國總統選舉，俄羅斯網上散布假消息協助特朗普當選，那次選舉無效，她將成為美國臨時總統，要求特朗普馬上退任，你想會成功嗎？中國如果支持佩洛西，又有甚麼下場？

同樣的情況，發生在委內瑞拉，35歲的反對派議長瓜伊多（Juan Guaido）自行宣布成為「臨時總統」，要求在去年（2018年）選舉中成功連任的總統馬杜羅（Nicolás Maduro）下台。瓜伊多自任總統的建議，很快就得到美國、英國、法國及德國支持。

美國傳媒引述知情人士消息，指英國央行英倫銀行已阻止委內瑞拉政府官員從該銀行提取價值12億美元的黃金，這批黃金是委國80億美元外匯儲備中的重要部分。報道稱，美國高級官員呼籲英國政府協助切斷馬杜羅取得該國的資產，同時將這些資產轉給上周三（2019年1月23日）自行宣布為委國「臨時總統」瓜伊多。英國真的可以這樣離譜，隨意轉讓他國寄存的資產？

美國視南美洲為自己的後花園，一向敵視委內瑞拉政權，旋即要求

聯合國安理會召開緊急會議，支持臨時總統瓜伊多。1月16日美國國務卿蓬佩奧親自上陣，對委內瑞拉問題定性，他說：「別再拖延，也別再玩甚麼遊戲，現在是其他國家選邊站隊的時候，你們要麼站在自由一邊，要麼站在馬杜羅及其暴行一邊，我們呼籲安理會所有成員國，支持委內瑞拉民主過渡及其臨時總統瓜伊多。」

俄羅斯及中國反對美國的建議，並敦促美國停止干預行為，中國駐聯合國代表馬朝旭說，中國一貫奉行不干預原則，反對干預別國事務。俄羅斯的回應就更直接，派了一隊所謂「民間保安部隊」開入委內瑞拉，這500名俄羅斯民兵，直接協助保護總統馬杜羅的安全。

委內瑞拉的確「唔抵爭」，國內有嚴重經濟問題，主要源於上任總統查韋斯（Hugo Chavez）。委內瑞拉是產油國，當年油價高升，升至147美元，令委國收入豐厚，政府於是大量增加開支，大派福利。後來油價暴跌，委內瑞拉經濟轉差，查韋斯2013年因癌症去世，副總統馬杜羅接任為總統。

由於油價長期低迷，委內瑞拉的經濟問題一直難以解決，通脹高升，2018年通脹升至13,000%，10萬元委內瑞拉幣，只能買半隻雞蛋，國內出現饑荒問題。

南美洲國家使大了，爆發經濟危機，不時都會出現，由於委內

瑞拉擁有豐富石油資源，問題本來不難解決。但委國與美國交惡，美國就在各方面阻截委內瑞拉，令該國經濟嚴重惡化。

如今的問題是委內瑞拉出現經濟危機，但該國總統由選舉產生，做得不好，應透過民主機制，重新選舉新政府上台，而不是在任期當中，隨意由一名反對派領袖宣布自己是臨時總統。若指控去年（2018年）委國的選舉舞弊，應拿出實質證據，由可信納的機構，例如聯合國調查而證實這結論；而不是隨意作舞弊指控，由外國支持，隨隨便便推翻民選政府。

西方國家擅長弄垮和自己不友好的政權，甚至不惜出兵，打散別國的制度，最後一發不可收拾，伊拉克、敍利亞、利比亞，都是鮮活而血腥的例子，亂到今天也未完，難民蜂擁到世界各地。

年輕時讀過自由主義大師波普爾（Karl Popper）的名著《開放社會及其敵人》（*The Open Society and Its Enemies*），可借用其書名，講講民主社會及其敵人，其實反而是西方這些民主國家，為了本國利益，為求達到目的不擇手段，不尊重其他國家民主制度，任意發動政變，推翻他國合法政權，最後造成一場場亂局，她們才是民主社會的最大敵人。這種不擇手段的民主制度，怎會令人有信心？

2019年1月29日

戈蘭高地博弈　巴人鮮血白流

以巴最近在加沙地區爆發流血衝突，最少兩名巴勒斯坦人死亡，逾百人受傷。美國總統特朗普宣布承認戈蘭高地屬於以色列，以色列總理內塔尼亞胡（Benjamin Netanyahu）大讚特朗普，說他是「以色列從未有過的好朋友」，但阿拉伯世界就大表憤怒，齊聲譴責。

有讀者問及戈蘭高地爭端源起，以及特朗普這樣做的因由，不妨在此講講這片土地的歷史。

戈蘭高地面積1,800平方公里，位於敍利亞、以色列及約旦中間，南部是約旦河上游太巴列湖，有豐富水資源，最高為黑門山，海拔2,814米，大家可以想像，一個高地處於3個國家中間，在戰爭中有多麼重要的戰略地位。戈蘭高地向西俯瞰以色列加利利谷地，向東距離敍利亞首都大馬士革60公里，誰佔據了戈蘭高地，就等於擁有俯瞰別國的軍事重鎮。

公元前3000年，亞摩利人已在戈蘭高地居住，以色列人從亞摩利人手中奪取戈蘭，這是遠古歷史。到近代1880年，戈蘭高地仍由鄂圖曼帝國統治，一些早期猶太復國主義者，曾在戈蘭高地建立猶太社區，但很快被殲滅。

第一次世界大戰後，戈蘭高地隸屬法國統治的敍利亞，而英國則統治巴勒斯坦，1941年敍利亞獨立，擁有戈蘭高地主權。1948年，在美國扶植之下，以色列在巴勒斯坦託管地立國，其後與埃及、敍利亞等阿拉伯國家發生戰爭，但當時戈蘭高地仍屬敍利亞。

1967年，以色列發動第三次中東戰爭，擊敗敍利亞，佔領戈蘭高地，逼使敍利亞居民逃離。

1973年第四次中東戰爭爆發，敍利亞軍隊攻陷黑門山及一些以色列陣地，最後以色列軍隊撤離至戈蘭高地東部一狹長地帶，設置緩衝區，由聯合國派駐部隊守衛。以色列一直控制戈蘭高地約1,200平方公里，但國際社會從不承認以色列在戈蘭擁有主權，仍認為是屬敍利亞的地方。

九十年代，在美國拉攏下，以巴和解，戈蘭高地主權一度露出解決的曙光。1995年5月，以色列與敍利亞和談，時任的以色列總理拉賓（Yitzhak Rabin）說，準備交出戈蘭高地，以換取中東和平，以色列外長佩雷斯（Shimon Peres）甚至承認：「戈蘭高地屬敍利亞領土，以色列人是在敍利亞的領土上定居，不想繼續保持對敍利亞領土的控制。」不過，隨後談判拖拖拉拉，以色列始終沒有撤出。

2017年特朗普上台後，就在中東玩強硬牌，先承認以色列對耶路撒冷主權，把美國領事館遷到耶路撒冷。如今第二波，就是承認以色列擁有戈蘭高地。

（2019年）4月9日以色列將舉行議會選舉，特朗普承認以色列對戈蘭高地的主權，無疑是送給以色列總理內塔尼亞胡（Benjamin Netanyahu）的禮物。但特朗普從來都有自己的盤算，美國猶太裔人士是富戶，是華爾街幕後控制人。在保守派選民中，猶太人最不支持特朗普。特朗普不斷向以色列送禮，就是想討好猶太裔選民，希望他們2020年大選時出錢出票支持他。

過去一年，以巴衝突已導致最少266名巴人死亡，超過3萬人受傷，以軍只死了兩人。特朗普承認戈蘭高地主權，勢將激發以巴衝突，死的人更多。但在特朗普眼中，巴人的鮮血一點價值都沒有，只有他自己的選舉最重要。

2019年4月2日

你送我敍利亞　我讓你殺魔頭

這一切如荷里活大片的畫面……

美軍8架戰鬥直升機於2019年10月26日在敍利亞西北部伊德利卜省，突襲一個目標建築物，大批美軍特種部隊空降進攻，展開地面包圍，原來追捕伊斯蘭國（Islamic State, 簡稱 IS）頭目巴格達迪（Abu Bakr al-Baghdadi）。巴格達迪逃入地道，怎知地道已被美軍識破，美軍軍犬追咬巴格達迪。這個一代梟雄自知逃生無望，就引爆身上的炸彈背心，同時炸死了他的三個孩子。巴格達迪的屍體因爆炸的緣故面目全非，當然留下了拍「續集」的伏筆，因為永遠有人質疑死的只是替身。

鏡頭另一邊，也如荷里活大片，在白宮的戰情室，總統特朗普和一眾幕僚一直在觀看追殺巴格達迪的全過程。透過特種部隊頭盔上的鏡頭，特朗普目睹追捕巴格達迪到他引爆炸彈這一幕，所以後來他得出：「巴格達迪被美軍軍犬追到隧道盡頭後，臨死前陷入極度恐慌，巴格達迪在行動中死得像條狗，像一個懦夫。」而白宮的戰情室枱面電線極度混亂，或許反映這間房真是戰情室，而不是以一個布景房間來拍照。

特朗普近日民望低迷，民主黨追着特朗普那單叫烏克蘭查他對手

拜登的「干預選舉門」不放。另外特朗普叫美軍從敍利亞撤退，搞到土耳其攻入敍利亞北部，將美國前盟友庫爾德人趕盡殺絕，迫得庫爾德人和敍利亞政府軍及俄羅斯妥協，讓敍國政府軍和俄軍進駐敍利亞北部，搞到美國國會很不滿，民主黨控制的眾議院，通過議案反對美國從敍利亞撤軍。

特朗普在諸事不順之際，突然擊殺了伊斯蘭國頭目巴格達迪，可算是重大成就。就急不及待在26日晚在 Twitter 上預告「有大事發生了！」其後在27日早上，他就親自宣布擊斃這個懸賞2,500萬美元的美國頭號通緝犯。

不過特朗普在記者會上講得高興時，說了兩句「美軍乘8架直升機抵達現場，曾在俄國允許下飛越俄國控制的領空」。這樣問題就來了，原來美軍的行動，一早就和俄羅斯夾好，否則美軍直升機，怎能飛越俄軍控制的地區？此事掀起一場風波。《華盛頓郵報》在報道中寫道，人們抨擊總統說，比起國會的民主黨人，特朗普好像更信任俄羅斯。

民主黨的眾議院議長佩洛西亦十分不滿，因她沒有事先從特朗普政府得到相關消息。在特朗普講話後，佩洛西發表聲明，感謝參與此次行動的美國特種作戰部隊。但她還對特朗普抱怨一番：「為甚麼將此次突襲行動通知俄羅斯人，而不是國會最高領導層？」

美國鬧出風波後，俄羅斯卻相當配合。俄羅斯國防部發言人科納申科夫（Igor Konashenkov）27日表示，沒有可靠證據證明美軍成功突襲了巴格達迪。他又表示美國對巴格達迪發動突襲時，俄方沒有在敍利亞西北部伊德利卜地區觀測到美軍的空襲行動。

表面看俄方是質疑美國擊殺巴格達迪的真實性，實質是為特朗普洗白，對美俄曾經溝通一概否認。

俄羅斯總統普京在2016年美國總統選舉時，出手干預，令特朗普當選，很多美國人對此深信不疑。而特朗普處理美俄關係處處容讓，近期在敍利亞撤兵，將敍利亞大片土地讓給俄羅斯及其操控的敍利亞政府，更令人嘖嘖稱奇。今次美國在俄軍控制區附近擊殺巴格達迪，會不會是普京對特朗普的回禮，收到情報也讓美國領功，讓特朗普拿巴格達迪這個魔王的人頭，好向美國民眾交差呢？

2019年10月29日

阿富汗18年血的教訓

國際新聞真是愈來愈刺激。美國國會接連通過《香港人權和民主法案》（*Hong Kong Human Rights and Democracy Act*）和《維吾爾人權政策法案》（*Uyghur Human Rights Policy Act*）之後，美國國務卿蓬佩奧發表聲明，指責中國壓逼宗教和少數民族，侵害人民自由。他又表示「若要在愛好自由國家眼中重獲其道德權威性，必須重新致力於保護人權與基本自由。」

對於蓬佩奧這個投機政客的講話，中國外交部發言人華春瑩以重炮回應，說「美方的這個聲明讓我再次想起了安徒生童話《皇帝的新衣》。這真是莫大的諷刺：明明自己沒有穿衣服，還自我感覺好到爆棚。」華大姐接着力數美國的問題，說美國不僅國內種族歧視等人權問題嚴重，還伸長了手到處干預別國內政，大搞「顏色革命」和政權更迭，不斷在伊拉克、敍利亞、阿富汗等國挑起戰火、濫殺無辜，假借自由和人權的名義在世界範圍內幹了不少壞事。華姐姐最後贈了蓬佩奧兩句：「自知之明是一種智慧，也是一種做人的境界。」

過去，我會覺得中國的發言人有時流於謾罵，但從最近披露出來的實證，才赫然發現那些責罵其實有根有據。就以南亞小國阿富汗為例，美國《華盛頓郵報》於10月9日刊登了一篇《關於

戰爭的真相》（"At War with the Truth"）的文章，披露了一份關於阿富汗戰爭的2,000頁機密報告。該報告由美國阿富汗重建特別督察長索普科（John Sopko）撰寫，內容是對600多名美國軍官、外交官、阿富汗官員、援助人員的訪談記錄。受訪的都是直接參與戰爭的人，這份機密報告披露了美國政府在戰爭期間，一直隱瞞無法獲勝的事實，長期以來欺騙美國民眾，發表虛假的樂觀聲明。就連曾參與戰爭的美國將領也坦言：「完全不知道在阿富汗該做甚麼事情。」

這份機密報告披露，自2001年以來，美國在阿富汗打仗花了10,000億美元，造成2,400名美軍喪命（不包括阿富汗的平民，當地一年因戰爭死亡3,000人）。這場長達18年的戰爭至今未停止，報告指美國從布殊、奧巴馬，到特朗普三任總統和其任內的美軍指揮官，都完全無法兌現在阿富汗獲勝的承諾，而且任意扭曲真相。奧巴馬就曾多次向駐阿富汗的美軍作出指示，要他們尋找對獲勝有利的數據，好讓他可以向外公布。陸軍上校克勞利（Bob Crowley）說：「為了呈現最美好的一面，所有數據都被改了。」報告的結論是美國人民不斷地被謊言所欺騙。

這份報告披露了真相，有重大的含金量，揭示了一個現實，如果是其他國家以謊言發動和持續戰爭，早已被美國指控為戰爭罪行，但美國這樣公然講大話，卻完全不用承擔任何後果。

在這裏重溫一下阿富汗戰爭是如何發生的。2001年9月美國發生「911恐襲」，美國相信發動襲擊的拉登（Osama bin Laden）匿藏在阿富汗，便向當時反美的阿富汗塔利班政府要人，塔利班政府拒絕，美國就在「911事件」發生26日後，向阿富汗發動戰爭。美國遵從最簡單的「敵人的敵人就是朋友」的邏輯，與阿富汗境內的反抗軍「北方聯盟」達成協議，美國支持「北方聯盟」進攻塔利班政府。美國派 CIA 情報人員走上前線，用激光指向塔利班政府軍的目標，接着美國的 B52 轟炸機飛到狂轟猛炸。就這樣擊倒塔利班政權，但他們轉成游擊隊，繼續對抗美軍。結果是在阿富汗進行了長達18年的內戰，這是血的教訓。到今天，特朗普想從阿富汗撤軍，並要與塔利班和談，至今仍未成功。

美國干預別國內政，發動戰爭，推翻反美政權，培植親美分子的努力，幾十年來仍未停止。由於這些親美政權純粹由美國武裝力量支撐，不能夠建立有效的管治，結果是在阿富汗、伊拉克、敍利亞、利比亞等國引發連綿不斷的內戰。

華姐姐的講法相當靠譜，美國的自我感覺好到爆棚，但其實只是一個光着身子的皇帝。美國干預別國的劣績斑斑，但還有人要求美國第七艦隊來香港，為香港帶來民主自由，其天真的程度，的確令人折服。

2019年12月13日

放棄程序公義的超級大國

最近中東局勢弄得一團糟，主要因為美國總統特朗普下令以無人機發射導彈，擊殺剛抵達伊拉克的伊朗「聖城旅」將軍蘇萊曼尼（Qasem Soleimani）。

蘇萊曼尼一直是美國中情局的眼中釘，因為「聖城旅」是伊朗革命衛隊的對外擴展組織，在伊拉克、敍利亞和阿富汗等地扶植親伊反美的武裝勢力。問題是公然擊殺伊朗的一名現職高階將軍，無異向伊朗宣戰。前任美國總統無論是小布殊或者奧巴馬，都不敢進行這樣的計劃，但特朗普就在美國駐伊拉克大使館被闖入之後，他懷疑是伊朗指使，便下令擊殺蘇萊曼尼，以洩心頭之恨。

特朗普這個決策模式，很多聰明的前任都不敢做的事情，現任決策人卻遽然拍板進行，其風險程度可想而知。

美國擊殺蘇萊曼尼之後，更硬指他是對恐怖分子，正在策劃襲擊美國的計劃，擊殺他是制止伊朗對美國恐怖襲擊。這些理由，很是牽強。據伊拉克總理邁赫迪（Adil Abdul-Mahdi）向國會透露，此前沙特提出了一個和平建議，蘇萊曼尼去伊拉克是討論沙特這個建議。把一名正前往討論一項和平建議的外國軍官擊

殺，怎樣看也不是一個制止暴力衝突的行為。

美國國務院發言人奧特加斯（Morgan Ortagus）接受英國媒體採訪時堅稱，蘇萊曼尼是聯合國認定的「恐怖分子」。然而，據聯合國安理會第1747號決議，只是說會制裁包括蘇萊曼尼的一系列伊朗軍官，並沒有確認蘇萊曼尼是恐怖分子。美國國務院發言人公然說謊，遭到英國記者連番質問，直指美國此舉是暗殺行為，搞得奧特加斯啞口無言。

最近與朋友談起美國這種行徑，朋友直指美國軍事力量世界最強，見到不順眼的，要殺便殺，你「吹佢唔脹」，也不見得對美國有甚麼傷害。我認為這個講法大謬不然，因為這違反了我所知道的西方民主體制的運作要義。30多年前自己讀大學的時候，大學老師已經侃侃而談，把美式民主和共產主義作詳盡比較。美式民主講求程序公義，所有事情都要合乎程序，強調即使我不同意你的意見，還是會拼死捍衛你說話的自由。就算明知某人是連環殺手，但如果不能不留合理疑點地證明他犯罪，就要馬上放人，這就是法治。至於以公義為名，實行暗殺的骯髒事情，只有蘇聯這類鐵幕國家才會去做。而社會主義國家出於終極平等的理想，不會講程序公義，甚至不擇手段去達到目的。

30多年過去，印證現在美國所做的事情，剛好與當年大學老師所講的相反。美國高舉「美國優先」的大旗，推翻氣候協議、推

翻貿易協議、推翻伊朗核協議⋯⋯因為美國的利益，甚麼協約都可以推倒重來。你與她一言不合，她便會出兵征伐，甚至派人把你暗殺。這一切的行為，似暴政多過民主。

老子《道德經》提到：「飄風不終朝，驟雨不終日。」中國歷史上秦朝的武力冠絕天下，但僅歷二世而亡，證明只靠軍事武力，並不能夠持續，因為背後不講公義。像美國擊殺蘇萊曼尼的行為，即使是她的西方盟友，也只有英國支持。正在度假的英國首相約翰遜（Boris Johnson），聽到這個消息的時候，即時大聲講了一句粗口，但最後還是乖乖地支持美國這個行動。原因無他，因為英國行將脫歐，需要與美國簽訂雙邊貿易協議，只好「盲撐」特朗普。

我總覺得這些不講程序公義的行為，崇尚暴力的行事方式，無論在美國或者香港，只會一時得利，最終還是失敗收場，皆因這些行為，違反了我們認識的民主體制原理。

2020 年 1 月 11 日

牆頭之草　小國之悲

最近塞爾維亞總統武契奇（Aleksandar Vučić）訪問美國，搞出了兩張很爆的照片，在國際網絡上議論紛紛。

塞爾維亞轄下的自治省科索沃一直要求獨立，美國及歐洲承認了科索沃的獨立，而塞爾維亞否認，塞、科兩地長期有紛爭。近日在美國總統特朗普的主導下，塞爾維亞和科索沃在白宮簽署了一個所謂《經濟正常化協議》（*Serbia Kosovo Economic Normalization Agreement*）。特朗普在主持簽約時突然宣布，塞爾維亞會把駐以色列大使館遷至耶路撒冷，當時武契奇露出了一個困惑的表情，並且翻看手中協議，被網民指為特朗普強加於他身上的「協議內容」。另一張照片是特朗普與武契奇對話的時候，武契奇坐在一張小椅上，像小學生甚至受審的犯人面對着特朗普，舉世譁然。

俄羅斯外交部發言人扎哈羅娃（Maria Zakharova）在社交網上貼文，用了女星莎朗史東在電影《本能》（*Basic Instinct*）裏翹腳坐着的照片，語帶譏諷說：「若你獲邀到白宮，但椅子放得像受審一樣，你應該像莎朗史東般坐着。」事件搞得武契奇非常憤怒，扎哈羅娃事後道歉。

武契奇這次美國之行，其實除了美國之外，已觸怒了全世界。

第一，得罪了俄羅斯。在塞爾維亞及科索沃簽署的協議當中，其中有一項是「雙方會把能源供應多元化」。在這裏要先講講塞爾維亞的歷史，1989年東歐鐵幕解體，南斯拉夫聯邦在1992年拆分六個共和國：塞爾維亞、斯洛文尼亞、克羅地亞、波斯尼亞和黑塞哥維那、馬其頓，以及黑山，之後戰爭不絕。當中塞爾維亞的一個自治省科索沃一直鬧獨立，1999年3月以美國為首的北約以保護人權之名介入科索沃，對南斯拉夫聯盟大肆轟炸，這就是著名的「科索沃戰爭」。當時的俄羅斯和中國站於南斯拉夫聯盟的一邊；同年5月，發生了美國五枚導彈「誤炸」中國駐南斯拉夫大使館事件。1999年6月科索沃戰爭結束，科索沃由聯合國託管，2008年單方面宣布獨立，得到了美國及西方國家承認。

由於塞爾維亞與西方關係很差，能源供應方面，一直依靠俄羅斯的支持，俄羅斯在去年（2019年）才投資了14億美元建造過境塞爾維亞的天然氣管道，並且和塞爾維亞搞聯合軍演。如今塞、索協議中的一句「能源供應多元化」，意味着塞爾維亞可能會購買美國的設備及天然氣，已經踩到俄羅斯的痛腳。

第二，得罪了中國。塞、科協議當中的有一條條款是雙方會阻止使用「不可靠供應商」提供的5G器材。雖然這個說法語焉不

詳，但以美國的講法，華為就是「不可靠」的5G供應商。

第三，得罪了中東和伊斯蘭國家。特朗普代塞爾維亞宣布會把塞國駐以色列大使館搬到耶路撒冷，塞爾維亞作為一個歐洲國家，其實與以巴衝突風馬牛不相及，但送了一個順水人情給特朗普。特朗普上任之後，為了討好其猶太金主，支持以色列把美國大使館搬到耶路撒冷。土耳其已率先對塞爾維亞這個搬大使館的行為表示關注。

第四，得罪了塞爾維亞人民。南斯拉夫原是一個有2,300萬人口的中型國家，但卻分裂成六個國家。塞爾維亞（不計科索沃）人口只有718萬，比香港的750萬還要少，而科索沃只是一個185萬人口的小地區。塞爾維亞在美國的主導下與科索沃簽約，等於放棄了對科索沃的主權，塞爾維亞內部自然有很大的不滿。

武契奇之前一直表現出很親近俄羅斯和中國的樣子，如今忽然投向美國，典型是一棵牆頭草。回想上世紀冷戰時代，南斯拉夫和匈牙利比較市場化，南斯拉夫是最令人嚮往的社會主義國家。七十年代初南斯拉夫領導人鐵托（Josip Broz Tito）訪美，與總統尼克遜（Richard Nixon）會面，是一個平起平坐的局面。如今南國解體，變成眾多小國。小國無外交，便陷入被玩的局面。武契奇簽署這樣喪權辱國的協議，若不是美國承諾對塞爾維亞提供大筆經濟援助，就是武契奇個人有「痛腳」被美國捉到。

香港就像豆豉一樣小的地方，有些人想搞獨立，甚至希望推倒中國的政權。看看鐵幕解體的歷史就會知道，若然中國政權倒台，全國也會四分五裂。恐怕單是廣東省也會像南斯拉夫一樣分成七、八個國家。弱國無外交，就要承受像武契奇這樣的命運。中國衰，香港也不會好，想想也讓人冷汗直流。

2020年9月10日

那個國家滅絕了種族？

美國拜登政府上場，中國的官方態度是聽其言、觀其行。私下的初步分析沒有表面看的樂觀，不相信美國換了另一個政府，中美關係就會變天。美國新任國務卿布林肯最近接受美國國家廣播公司（NBC）訪問和早前在參議院答辯時，全面評論中美關係問題。他主要提出對中國三個方面的嚴厲批評。

一、批評中國對疫情處理不透明，布林肯說：「中國缺乏透明度，是一個根深蒂固的問題，必須加以解決。」

二、布林肯贊同前國務卿蓬佩奧指中國在新疆對穆斯林進行種族滅絕的說法，他表示：「中國迫使男性、女性、孩童進入集中營，實際上是企圖再教育他們成為中國共產黨意識形態的信徒，這些作為都顯示中國正進行種族滅絕。」

三、布林肯批評中國破壞香港的自治。他表示，見到香港人再度起身捍衛自身權利。如果他們是中國當局打壓的受害者，美國應該做些事來提供他們避風港。布林肯總結說：「美國若重新參與全球事務和國際組織，要獲得對抗中國的力量，因為當美國退出，中國就會補上。」

在布林肯口中，美國與中國是以對抗為主，在氣候等問題的合作為次。如果說特朗普是真小人的話，拜登政府中人很明顯是偽君子。布林肯對中國三個問題的評述，只顯示了美國極端雙重標準的虛偽性。

第一，中國在處理新冠疫情上，展示出前所未有的透明度，其中有兩個主要行動。第一是在去年（2020年）1月17至19日，派了包括鍾南山在內的中國最高規格的中央專家組到武漢視察，隨行的還有香港的抗疫專家袁國勇。叫袁國勇加入，明顯是讓世人知道，中國無意隱瞞疫情。第二是中國破解了新冠病毒基因圖譜之後，馬上向世衛通布，這行動亦推前了全世界對新冠疫苗的研發。

反觀美國，布林肯當然認為美國處理疫情相當「透明」，但美國政府連新冠病毒的確診數字的官方公布也取消了，現在只有約翰斯霍普金斯大學自己公布民間數字，連官方確診數字都沒有的國家，不知有多「透明」呢？更不要說美國迄今（至2021年2月）有達45.8萬人因新冠肺炎死亡，當中絕大部分人命是由於美國政府決策失當而造成。美國新政府上台至今，有沒有打算任何調查去研究政府抗疫失誤呢？美國政府抗疫如此「透明」，因疫症死亡的人如此之多，還在抗疫問題上找中國說事，真叫人大開眼界。

第二，講到種族滅絕，新疆人口在1949年新中國成立的時候有逾433萬人，2020年增至2,523萬人常住人口，其中維吾爾族人口為1,162萬人，滅絕維吾爾族之說不知從何講起。即使是美國說三道四的新疆教育營問題，講的只是教育，不是人命。美國大力打擊恐怖組織，但蓬佩奧卻宣布把在中國發動多次恐怖襲擊的恐怖組織「東突厥伊斯坦伊斯蘭運動」，從恐怖組織名單剔除，鼓勵疆獨組織在中國的恐怖活動，其心可誅，真是「中國的人命不是命」了。

種族滅絕，指的當然是人命，講到人命死亡，美國所處的美洲大陸，外來的白人對當地印第安人的屠殺，才真的是種族滅絕血淚史。1492年哥倫布（Christopher Columbus）發現新美洲新大陸，估計當時美國境內的原住民印第安人有500多萬，之後印第安人數目經歷了斷崖式減少。目前印第安和阿拉斯加原住民的人口數量僅佔美國總人口的1.3%。尤有甚者，當時的美國，屠殺印第安人不止合法化，還加以鼓勵。1814年麥迪遜政府就頒布法令，對殺害印第安人給予獎勵，規定上繳一個印第安人的頭皮，美國政府會發出50至100美元的獎金。這才是種族滅絕，而且是美國官方認可和鼓勵的種族滅絕，歷史血證，穢跡斑斑。

第三，香港2019年的暴亂，在暴亂中犯法的人逃亡，包括闖入香港立法會的暴徒跑到美國去。布林肯聲言應該對他們敞開

國門，但看看美國政府如何對付同樣是非法闖入議會的暴徒，2021年2月2日，美國總統拜登和夫人同赴美國國會大樓，悼念1月6日在國會暴亂中死亡的警員西科尼克（Brian Sicknick）。至於在國會暴亂中，在鏡頭前被警員近距離射殺的女示威者美國退役空軍女兵巴比特（Ashli Babbitt），拜登當然不會悼念，還要譴責。用美國的標準，香港政府應該大力「撐警」，也應該拘捕那些使用暴力違法示威抗議的暴徒。為甚麼美國可以「撐警」拉暴徒，香港卻不可以做呢？

特朗普之所以令人生厭，主要是他將美國每天所做的事情，赤裸裸地的說出來，那就是美國政府施政的核心理念：美國優先。而拜登政府做的事情其實一樣，只是換了一套手法，同樣是美國優先，但用了民主和自由包裝起來。

香港要有民主，但不是由美國操控的民主。

2021年2月4日

揭美國自創「外交抵制」新名詞自嗨

北京冬季奧運會將於明年（2022年）2月4至20日舉行，中美領導人早前召開視頻峰會，但在會議結束後，馬上傳出美國「外交抵制」北京冬季奧運會的消息。

其實，美國一直有意要抵制北京冬季奧運會，只不過是將消息押後，過了中美元首視頻峰會之後才公布。一來以免影響峰會的氣氛，二來可以散發美國總統拜登對華強硬的訊息，以博取美國反華的民眾支持。而所謂「外交抵制」，是指美國不派官員出席北京冬季奧運會，但不會要求美國運動員不參與。與此同時，美國亦暗地裏大力發動她的友好國家，「外交抵制」北京冬季奧運會。

中國外交部部長助理華春瑩在 Twitter 上連發三則推文，向美國發炮。華春瑩說她看到一些報道，美國一些人呼籲「外交抵制」北京2022年冬奧會。她覺得「有趣」，並認為支持者應該知道和考慮一些事情，包括：一、華盛頓是否收到北京的邀請？按照慣例，外國領導人由本國奧委會邀請參加奧運會開幕式；二、美方所謂新疆人權問題是謊言，美方嚴重侵犯人權是事實；三、北京將舉辦一場精簡、安全、精彩的奧運會，無論美國政客是否在場。

睇完華春瑩的推文，在冬奧會問題上，對美國完全「無面俾」。

可以追溯整場西方國家對中國主辦冬奧會抵制大戲的來龍去脈。抵制先由美國國會、歐盟議會、加拿大議會和人權觀察組織發動，藉口是西藏、新疆和香港的人權問題。

其實，西方國家在體育運動會玩這類政治抵制，由來已久。2014年俄羅斯在索契舉辦冬奧會，西方的人權組織同樣找到「理由」去抵制，當時的講法是俄羅斯於2013年6月通過法律禁止在任何有未成年人在場的場合公開談論同性戀等事情，那次美國、歐盟齊齊玩。西方國家今次抵制北京冬奧會，其實只是重演2014年舊劇本。

西方國家政治領袖出席奧運會都有一個傳統，例如美國總統不會出席其他地方主辦的奧運會，會派夫人或者女兒出席奧運會的開幕式，算是一個非官方的出席形式。只有2008年在北京舉辦的奧運會例外，當時的美國總統小布殊參加了京奧的開幕式。

美國政府抵制其他國家舉辦的奧運會，已有前科，不過，用「外交抵制」這個名詞倒是第一次，此前針對俄羅斯，還未有這一招。美國 CNN 表示，美國創造「外交抵制」這個詞，有象徵意義，說「外交抵制將剝奪習近平在光彩熠熠的盛會上，招待世界最高領導人們的一些榮耀。而且，外交抵制具有在不傷害運動員的情

況下表達這種態度的優勢」。

美國的確很懂得「自嗨」，自創一些名詞作政治宣傳，然後自行判斷自己的行動很有效。可笑的是，美國一方面是所謂的「外交抵制中國」，另一方面又讓美國運動員參加，好像「我已經不是全面搞你」。美國這種做法可以形容為「打你半巴」的外交政策。美國想打對手一巴掌，但又由於種種原因，不敢過分得罪或者惹怒對方，就說：「好了，我就打你半巴，已很尊重你了。就像北京冬奧會，我不會全面抵制，只搞外交抵制，已經是留有餘地了。」

無論如何，美國這種「打半巴」的手法，只顯示其軟弱無力。如果美國仍是一個超級大國，要麼不打，要打的話，就一巴打倒對手，為甚麼要打半巴呢？中國面對美國這類國力日衰，但又「自嗨」的外交手段，當然不會吃這一套，完全不會買帳，只會強硬還擊。

2021年11月27日

不是民主之戰　是話語權之戰

美國總統拜登 2021 年 12 月 9 日開始一連兩天召開所謂「民主峰會」。外交部駐港特派員公署和中聯辦聯手再出擊，共同舉辦的「透視民主真諦　堅定民主自信」座談會，炮轟美國大操大辦所謂民主峰會，宣稱「威權對立民主」，只是製造世界分裂的政治鬧劇。

外交部駐港公署特派員劉光源指這個「峰會」，是一場赤裸裸地打着民主旗號干涉別國內政的「國際傳銷騙局」，值得高度警惕。他又指出當前中華民族偉大復興已經進入了不可逆轉的偉大進程，香港也恢復由亂轉治，由治及興。個別國家不希望「一國兩制」行穩致遠，我們應該積極站出來講好中國民主故事，「一國兩制」為甚麼好，「一國兩制」為甚麼行。

中聯辦副主任陳冬表示，美國自身民主劣跡斑斑，卻自詡民主燈塔，這是對民主的褻瀆，香港也深受其害。要破除民主霸權，堅定民主自信。

美國大張旗鼓，舉辦所謂「民主峰會」。阿爺大力還擊，寸步不讓。

美國在亞太地區只邀請了日本、韓國、澳洲、紐西蘭、台灣等國家及地區，中國和俄羅斯這兩個大國均未受邀，新加坡也未獲邀。

新加坡前外交部長楊榮文近日接受中國官媒《環球時報》採訪時，做了比較客觀的評論。他形容美國召開「全球民主峰會」是一場全球公共輿論的訊息戰，峰會一個隱而不宜但重要的目的，是降低中國在國際上的道德地位，企圖從多方面讓中國蒙上負面色彩的一部分手段。所有此次受邀出席民主峰會的國家和地區，都被美國抬到比中國更高的道德高地，但他對於民主峰會能產生多大影響，表示懷疑。

北京方面上周末（2021年12月4日及5日）連日發表《中國的民主》白皮書及《美國民主情況》報告，加強同美國爭奪民主話語權。楊榮文認為，民主峰會是一場中國不得不打的全球輿論訊息戰。他說：「這是一場中國必須迎戰、涉及全球公共輿論的訊息戰。這不是一場肉搏戰，而是一場人心之爭。」

至於台灣受邀與會，楊榮文指出，北京必須堅決反對台灣的蔡英文參加峰會，「這與民主無關，而是美國對兩岸關係的介入」。他注意到台灣方面「自願」決定由行政院政務委員唐鳳及駐美代表蕭美琴，蔡英文不出席。他分析，這顯然是中美雙方在上月（2021年11月）中美首腦峰會舉行前，已經仔細談過的一個議

題，否則就不會有「習拜會」。

中國近期高調宣傳全過程人民民主，指這種民主既有完整的制度程序，也有完整的參與實踐，有效防止選前漫天開價、選後無人過問的現象。楊榮文將中國的民主形容為「具有中國特色的民主」，並表示不相信西方的自由民主能在中國行得通，因為中國有不同歷史、文化和實際情況。

楊榮文亦一語道破美國和新加坡的關係十分現實，目前的美國政府不認為新加坡是自由民主國家，因此未向新加坡發出邀請，他不認為新加坡領導人對此會感到驚訝或失望。他指出，美國和新加坡之間強而有力的合作，是基於共同的戰略利益，而非共同的民主價值觀。

楊榮文是新加坡前外長，差一點成為總理接班人，當然深懂國際政治，從他的評論我引申出三點：

一、「民主峰會」不是民主之戰，是話語權之戰，是人心之戰。

二、中國別無選擇，只能應戰，否則就會跌入一個道德低地，道德上比這次與會的一百個國家地區低下，而這正正是美國的目的。

三、美國憑實力打不低中國，開始要吹水吹低中國。這令我想起魯迅的《阿Q正傳》，阿Q被人壓在牆上打，口頭上還要佔據道德高地，不斷說「你是兒子打老子」。無怪乎內地輿論開始說，美國有點像晚清了。

2021年12月10日

雙重標準　圈地稱霸

中國的太空站今年（2021年）兩次受到美國衛星過分靠近的威脅，中國常駐聯合國代表團12月初向聯合國秘書長投訴。

涉事的是美國太空探索技術公司 SpaceX 發射的星鏈衛星，在今年先後兩次接近中國太空站組合體穩定運行在高度390公里附近的近圓地球軌道。由於星鏈衛星和中國太空站本來在不同軌道，兩者本無碰撞風險，但星鏈衛星主動降軌至中國太空站的運行軌道，就引發危險。

美國星鏈-1095衛星自2020年4月19日起穩定運行在平均高度約555公里的軌道上，但到2021年5月16日至6月24日，該衛星持續降軌移動至平均軌道高度382公里後，到7月1日，該衛星與中國太空站間出現近距離接近事件。出於安全考慮，中國太空站於7月1日晚主動採取緊急避碰，規避了兩者的碰撞風險。

另一次緊急避碰發生在今年（2021年）10月21日，美國星鏈-2305衛星處於連續軌道機動狀態，機動策略未知且無法評估軌道誤差，當它接近中國太空站時，存在與太空站碰撞風險。為確保在軌太空人安全，中國太空站於當日再次實施緊急避碰。

中國通報這兩次危險事故後，外交部發言人趙立堅28日批評，美國口口聲聲宣稱所謂「負責任外太空行為概念」，卻無視外太空國際條約義務，對太空人生命安全造成嚴重威脅，是典型的雙重標準，強調探索與和平利用外太空是全人類的共同事業，中方始終本着為全人類謀福利的精神和平利用外太空，認為美方應該尊重以國際法為基礎的外太空國際體系，立即採取措施，防止同類事件再次發生，並採取負責任態度，維護在軌航天員的生命安全和空間設施的安全穩定運行。

講到雙重標準，美國認了第二之後，沒有人敢認第一。今年（2021年）4月29日中國發射長征五號 B 火箭，英國媒體隨即報道，懷疑重達21噸的第二節火箭核心節失控，可能重返大氣層、最終墜落地球。白宮方面則在5月5日的記者會煞有介事地呼籲國際社會應共同促進「負責任的太空行為」，講到中國火箭墮落會造成人命傷亡那樣。結果長征五號 B 火箭第二節火箭跌入大氣層時燃燒殆盡，根本沒有造成任何危險。

講到太空垃圾，據美國太空總署的軌道碎片計劃辦公室（ODPO）2020年的數字，有23,000多件大於10厘米（4英寸）的太空垃圾在漂浮，當中俄羅斯製造的最多，喊着要捉賊的美國排第二，中國只排第三。不過今次中國太空站遇上的可能碰撞事故，不是由太空垃圾造成，而是由美國星鏈衛星連續降軌進入中國太空站軌道造成，理論上有兩個可能：

一、嚴重意外。按理中國建設太空站的新聞大鑼大鼓地報道，從事衛星發射行業的 SpaceX 公司，沒理由對中國太空站所在的軌道不知不覺，還指令星鏈衛星連續降軌靠近中國太空站。我們揸車切線都要打燈望鏡，否則差點踫撞未撞死人都可以被控告「危險駕駛」。若然這件事情真是意外，當屬極其嚴重疏忽類別，SpaceX 應該調查交代，將涉事負責人員撤職。

二、故意試探。太空是中美角力的另一個戰場，不能排除 SpaceX 公司是收到指令，叫它改變星鏈衛星的軌道，靠近中國太空站，以試探中國太空站遇到危險應變的能力。最後被中國發現踢爆，美國沒有甚麼代價，連 sorry 也不會講一句。

SpaceX CEO 馬斯克的星鏈計劃，要發射 1.2 萬顆小衛星，分布在 340 公里、550 公里、1,150 公里三種不同高度的軌道上，「包圍了整個地球」，實質上是一場「太空圈地」運動。表面上是一個為全球提供高速的網絡服務的民用計劃，但可以同時是軍用計劃，對敵國如中國進行全方位監控，甚至監控中國的高超音速導彈，建立太空霸權。

你有張良計，我有過牆梯，看來中國正在密謀良策，突破美國的衛星包圍網。

2021 年 12 月 29 日

用同一把尺　制裁發動戰爭者

烏克蘭的戰事持續，第二輪和談拖遲，俄羅斯攻下南部城市赫爾松市，是俄軍佔據首個大城市。另一邊廂西方的制裁加劇，連貓咪也受到牽連，國際愛貓聯盟禁止了俄羅斯的貓咪參加國際貓展。當然，運動員就更不能置身事外了。

國際奧委會宣布制裁俄羅斯，拒絕俄羅斯運動員參賽，很多國際體育組織隨即響應，國際滑冰聯盟的世錦賽剛剛召開，宣布拒絕俄羅斯運動員參賽。俄羅斯的「花滑三小花」是花樣滑冰的超級明星，本來有機會全取世錦賽個人花滑的冠亞季軍，但無緣作賽。

國際足總亦宣布禁止俄羅斯國家隊參賽，俄羅斯國家隊隊長久巴（Artem Dzyuba）過去幾天一直被批評沒有為烏克蘭事件發聲，久巴終於發文表態，說他反對戰爭、反對侵略和仇恨的，但也反對基於國籍的仇恨。久巴更說道：「我反對雙重標準，之前所有人都說體育和政治無關，但只要涉及俄羅斯，似乎這條準則就無效了，現在很多人都在仇視俄羅斯、抹黑俄羅斯，這些只會製造負面情緒，但我們俄羅斯人不會被這些事情冒犯。」

俄羅斯國家隊隊長久巴講到「雙重標準」，曼城主帥、來自西班牙的哥迪奧拿（Pep Guardiola）講得更透徹，哥迪奧拿在記者會

上被問到關於俄烏戰爭時表示，沒有人希望戰爭，所有人都想和平，那麼南斯拉夫發生戰爭時候怎麼沒有人發聲，還有敍利亞等很多地方還在戰爭，還有很多人無家可歸，很多無辜的人受到恐怖的代價？他的結語是：「我們從未得到過教訓，最終強者會將弱者幹掉。」

哥迪奧拿的質疑發人深省，如果世人是拿着同一把尺的話，在俄羅斯進軍烏克蘭的時候，就要嚴厲懲罰她，那麼對美國又如何？2001年美國要報復「911事件」，要捉拿拉登，就進軍據說是拉登的躲藏地阿富汗，推翻了塔利班政權。即使拉登真是藏身阿富汗，美國攻入阿富汗後，捉不到拉登，為何要推翻塔利班政權？

更離譜的是2003年，當時的美國國務卿鮑威爾（Colin Powell）在聯合國安理會拿着一小瓶疑似洗衣粉的白色粉末，說有證據顯示伊拉克擁有化學武器，便出兵進攻伊拉克，推翻了薩達姆（Saddam Hussein）政權。

到2011年，美國聯合西方多國以空襲政府軍的方式支援利比亞反對派，強行推翻卡達菲（Muammar Gaddafi）政權；可悲的是利比亞原本差不多成為擁核國家，蘇聯解體後，卡達菲從黑市渠道取得重要的鈾濃縮技術，並取得氣體離心機及原子彈的設計資料。但卡達菲政府於2003年與美國達成協議，同意用棄核換取美國解除制裁。

卡達菲選擇和美國和解，一子錯滿盤皆落索。若然利比亞有核武器，卡達菲政府就會和朝鮮金家政權一樣，仍然健在。

美國布朗大學「戰爭代價」項目研究發現，2001年以來，美國以「反恐」之名、花了6.4萬億美元，在全球85個國家發動的戰爭和軍事行動，奪去了超過80.1萬人的生命，其中平民超過33.5萬人；多達3,700萬人在戰亂中流離失所。即使英國前首相貝理雅（Tony Blair）2016年承認參加向伊拉克開戰的情報被證明是錯誤的。他們原本是想要解放一個國家的民眾，讓他們免除伊拉克獨裁者薩達姆的統治，結果這些民眾卻成了宗派恐怖主義的犧牲品，他對此表示遺憾和道歉。但美國連一句道歉也沒有。

美國出兵別國，有五花八門的理由，很多都是子虛烏有，出兵前也沒有得到聯合國的授權。回頭看這次俄羅斯出兵烏克蘭，卻受到這樣大的制裁，為甚麼美國出兵打這個打那個，世人卻無動於衷，像看戲一樣呢？

從任何角度而言，戰爭都是殘忍的，最後只是強者取勝。時至今日，敍利亞、利比利、伊拉克的難民仍在世界各地流離失所。若然要因為開戰而制裁俄羅斯，美國更應該受到制裁。我們判斷事情，應該用同一把尺。把體育扯上政治，更不應該。

2022年3月4日

美國的馳名商標是「雙標」

美國近年的馳名商標是「雙標」（雙重標準）。

（2022年）6月22日，阿富汗發生20年以來最強烈地震，造成超過1,500人遇難。地震發生之後，美國國家安全顧問沙利文、美國國務卿布林肯先後發聲明，聲稱深感傷心，表示「在這個可怕慘劇期間和以後，都要和苦難人民站在一起。」

阿富汗災後最缺資源，但美國沒收了阿富汗70億美元外匯儲備，要把一半用於賠償「911事件」的美國受害者，實際上就是據為己有了。在阿富汗發生地震之後，美國實在不用急着說漂亮話，先把70億美元還給阿富汗吧，阿富汗就可以用那些錢來購買救災物資。

6月20日，在白宮記者會上，有記者說：中國今年從俄羅斯進口的石油數量創紀錄，中俄貿易正在增長，問美國的看法。美國國家安全委員會戰略溝通協調員柯比（John Kirby）回應說：「我們認為這是中俄在烏克蘭問題上加強合作的又一例證。」另有記者追問柯比，印度同樣大量購入俄羅斯石油。柯比支吾以對，先說：「我們重視與印度的雙邊關係」，再口窒窒地說：「每個國家必須自己做出決策。」美國的雙重標準暴露無遺。

6月18日，美軍宣布一艘俄亥俄級戰略核潛艇，於加州附近海域，試射四枚「三叉戟型潛射洲際彈道導彈」，命中太平洋關島附近的目標。

今年（2022年）3月，朝鮮試射遠程彈道導彈，白宮反應強烈，白宮發言人普薩基（Jennifer Psaki）指朝鮮試射彈道導彈公然違反聯合國安理會多項決議，不必要地加劇緊張局勢，並可能破壞區域安全。這一行動表明，朝鮮持續將大規模殺傷性武器與彈道導彈計劃，置於人民福祉之上。

未知美國自己把洲際彈道導彈從大西洋射到太平洋，有無「不必要地加劇緊張局勢，破壞區域安全，並持續將大規模殺傷性武器與彈道導彈計劃，置於美國人民福祉之上？」

另一個更嚴重的「雙標」的例子，就是2021年底生效的美國涉疆法案《維吾爾強迫勞動預防法》（*Uyghur Forced Labor Prevention Act*），法案禁止所有來自中國新疆的產品，除非企業提供明確令人相信的證據，證明其供應鏈內沒有強迫勞動，才可以獲准進口美國。這是一種「有罪推定」的方式。

就在同一天，外交部部長助理華春瑩在推特上接連發表圖文，揭露美國的謊言。其中一張圖是對比美國的印第安人和中國新疆維吾爾人的人口數量變化。十六世紀至二十世紀，美國的印

第安人人口由500萬劇減至25萬；而中國新疆維吾爾人人口由1949年的433萬增加至2020年的1,162萬。真正的種族滅絕，發生在美國，不是在中國。

國家大力發展新疆經濟，就是希望新疆的維吾爾人可以脫貧，遠離激進恐怖主義。而美國的《維吾爾強迫勞動預防法》，客觀上剝奪新疆的出口，令到當地維吾爾人永遠貧窮，希望他們起來抗爭，從中國分裂出去。美國這條法案，與美國天天掛在口邊的反恐要求背道而馳。

揭開美國重重「雙標」，其特點是：一、政治化。將所有問題以政治方式去處理。二、聚焦中國。在反華問題上面，美國「雙標」得特別起勁。

問題是今天的美國已經不是1945年、二戰以後的美國，不再是國力超凡的全球霸主，不再可以為所欲為。

以這條《維吾爾強迫勞動預防法》為例，美國商界正憂心忡忡。從事分析業務的卡倫公司說，新疆生產全世界40%以上的太陽能原料多晶矽、25%的番茄醬、20%的棉花、15%的啤酒花，以及10%的合桃、辣椒和人造絲、中國最大的風力發電機製造廠也是在新疆。據《華爾街日報》報道，在華的美國企業說，她們擔心這個法案會干擾貨運，增加合規成本，當然，最後會嚴

重加劇全球供應鏈壓力和通脹。

美國使勁拋出石頭，最後可能砸在自己的腳上。

2022年6月25日

西方管治百病叢生

英國脫歐甩轆　民主制度失效

英國脫歐陷入一個專家也跌碎眼鏡的狀況，現在有識之士不會再說英國脫歐結局如何如何。本來按一般常識，英國首相文翠珊（Theresa May）代表英國與歐盟談判，達成脫歐協議，拿回去國會表決。正常假設是，文翠珊既在法理上獲得授權，現實上在談判過程中又會取得執政保守黨的共識，才會跟歐盟達成協議，最後由國會表決協議，該只是必須的程序。

但結局並非如此，英國國會在（2019年）1月15日投票，以432票反對，202票支持的史無前例壓倒性多數，否決了文翠珊首相的脫歐協議。這是英國歷史上執政黨在議會投票表決中遭遇的第二大慘重失敗，上一次大比數失敗已遠在1924年。英國國會否決脫歐協議，歐盟又不肯與英國重開談判，於是陷入僵局。

新年假期時，我與兩位熟悉英國情況的高人談過，一位是英國爵士，一位是曾長期在英國工作的政商界高人，兩人對英國政情非常了解，但都無法下結論，但梳理出核心爭議點和英國脫歐的幾種可能性。

核心爭議點是愛爾蘭出現所謂「硬邊界」問題。北愛過去長期鬧獨立，發動恐怖襲擊，英國和愛爾蘭政府1998年簽署《貝爾法

斯特協議》（*Belfast Agreement*），訂明英國屬下的北愛爾蘭自治政府在英國的架構和地位，確保北愛與愛爾蘭接壤的邊境不設「硬邊界」，結束了當地30年的武裝衝突。現時在愛爾蘭駕車入英國的北愛，越界時根本沒有關口，連指示牌也沒有。脫歐後愛爾蘭屬歐盟，北愛跟英國脫歐，就出現重劃硬邊界的問題。

如今英國與歐盟的協議用「擔保方案」（backstop）去解決此問題，雙方議定擔保方案是迫不得已的最後計劃，在英歐談不攏時才會實施，以擔保北愛和愛爾蘭之間沒有硬邊界。按方案要求，會在愛爾蘭島與大不列巔島之間的海洋劃界。若英國和歐盟最後無法就今後長遠關係達成協議，北愛爾蘭則留在歐盟單一市場和關稅同盟，英國本土退出。英國眾多議員反對協議，認為擔保方案意味變相將北愛爾蘭割予歐盟，英國本土與北愛爾蘭會處於不同邊檢及關稅管轄區，形成新的硬邊界。

未來有幾種可能性：

第一，延長脫歐死線。英國原定脫歐期限是（2019年）3月29日，如今英國國內未有共識，但又不想硬脫歐，用西方的諺語，「把鐵罐踢下斜路」，讓鐵罐到處滾，英國繼續延長限期，希望國內凝聚出解決方案，其實是一個拖延方案。

第二，英國政客妥協，最後接受現時達成的脫歐方案。不過暫

時看可能性不大，因為北愛爾蘭的「擔保方案」太多英國人反對，議員為了選舉利益不願接受。但歐盟也借機分裂英國，不肯讓步再談。

第三，再公投。高人分析，保守黨內部分裂，而且文翠珊本身都是脫歐派，所以保守黨不會再發動公投，怕再公投民意轉向留歐。但若工黨發起公投，獲得自民黨及其他少數黨派支持，有可能再進行公投，但目前形勢並不有利提出再公投。

第四、硬脫歐。硬脫歐的可能性，已由黑天鵝變成灰犀牛，即是說，大家都看到有機會出現這災難，但大家都無力阻止，現在已無人敢排除這可能。

高人認為英國脫歐慘局，是民主制度失效的明證，首先是公投制度被濫用，民眾在很不成熟的狀況下，公投決定了一些事情，但這決定涉及難以調和的利益，執行不了，最後就可能眼白白撞車。如今各方想救，但未知能否救得了。

2019年2月12日

脫歐：非文明之戰

最近英國執政保守黨選出約翰遜作為首相，令到之前一套講述脫歐的紀實電影《脫歐：非文明之戰》（*Brexit: The Uncivil War*）大為走紅。在現今風起雲湧的政治環境下，重溫這套電影，有很重要的現實意義。

《脫歐：非文明之戰》的主角是飾演過電視劇《新福爾摩斯》（*Sherlock*）和電影《奇異博士》（*Doctor Strange*）的康柏拜區（Benedict Cumberbatch），他在劇中扮演脫歐運動的領導者、英國政治顧問甘明斯（Dominic Cummings），這是一個現實人物。劇情講述英國的脫歐派如何找來甘明斯操刀，成功讓英國通過脫歐公投。

說時遲那時快，已傳出英國新首相約翰遜將會邀請甘明斯，出任高級顧問，甘明斯的大數據政治操控術，將大有用武之地。

甘明斯畢業於牛津大學，修讀古代與近代史，曾擔任英國環境、食物及農藥事務國務秘書。他在2015年時投閒置散，當時的脫歐組織「Vote Leave」找他當脫歐陣營的總監，針對的是2016年的脫歐公投。

甘明斯愛走偏鋒，想法不同凡俗。在《脫歐：非文明之戰》一片中，有兩個情節相當吸引眼球，其中一幕是甘明斯如何想出脫歐運動口號「take back control」（奪回控制權）。甘明斯的目的是要把脫歐予人一種不具體的感覺，不講經濟和就業等實際議題。他最先想出的是「take control」（掌控），希望以此口號打動民眾支持脫歐，讓英國人覺得可以重新掌控自己的命運。但甘明斯始終對這口號不太滿意，一天晚上，他在牀頭讀着一本名為《所以你將要當爹了》（So You're Going to Be a Dad）的書，書中講述為人父母在面對的問題，書中提到「失去控制」、「奪回主動權」等字眼，讓他終於得到了靈感，把脫歐運動口號定為「take back control」（奪回控制權）。這是一個很有 feel 的口號，在一場政治運動中，定出一個牛頭角順嫂也有感覺的政治口號，至關重要。

另一個重要情節是講脫歐派使用的策略，一般人都會想如何打動對方陣營的選民，但甘明斯卻覺得原本支持脫歐或者支持留歐的人都很難打動，反而應該針對游離分子，即過去從不投票的300萬英國人。這些人平時政治冷感，不關心政治和經濟事務，但甘明斯覺得這些人最容易打動。他利用互聯網的大數據，找出這些人最恐懼的事情，然後透過社交媒體向他們發放廣告，激發他們的恐懼，從而鼓動他們出來投票。這個故事教訓我們，群眾可以操控，你做不好只是自己技不如人。

《脫歐：非文明之戰》很生動地講出一個政治操控運動，可以如何透過互聯網達成。約翰遜上台，成為脫歐最大受益者，除了捧紅《脫歐：非文明之戰》這套電影之外，亦令人翻出舊帳，人們質疑英國民眾給大數據玩弄了，質疑約翰遜有否挪用資金給美國的「劍橋分析公司」在加拿大的屬下公司操控數據，影響英國脫歐的投票結果。

《脫歐：非文明之戰》非常值得一看，讓大家知道在現今紛亂的社會，誰能夠在網絡世界操控到人們的恐懼，就可以獲取最大的政治利益，激發群眾，左右大局。

2019年7月26日

一個成功令英國脫歐的人　留下難以收拾爛攤子

英國首相約翰遜的末日已經來臨，倫敦政壇又將上演一場權力遊戲。英國外相卓慧思（Liz Truss）等閣員已經摩拳擦掌，加入爭奪首相寶座。

保守黨副黨鞭平徹（Chris Pincher）「鹹豬手」事件，是壓垮約翰遜相位的最後一根稻草，但這個把頭髮搞亂，靠出位登基的首相，其統治早已百孔千瘡。

一、一個「朝臣系統」。英國《金融時報》刊發前首席政治記者施里姆斯利（Robert Shrimsley）的評論指出，起初，約翰遜是一名穿過了似乎無法逾越的灌木叢的「非傳統騎兵」，完成脫歐，並以保守黨自戴卓爾夫人（The Baroness Thatcher）時代以來從未有過的方式，觸及工人階層的選民。然而，最終約翰遜的輕浮、對規則漠視、缺乏個人道德和誠信、沒有強烈的政治信念、又樂於將難題交給助手的態度，使他的政府漂泊不定。

施里姆斯利認為，約翰遜領導的政府是一個「朝臣系統」，用人的關鍵特徵就是你是否對約翰遜這個國王有用。平徹幫助約翰遜勝選並坐穩位置，而其他的一切都是別人的問題。當災難爆發時，助手和大臣們被派去為約翰遜撒謊「擋槍」，讓他僥倖過

關。但運氣不永遠落在約翰遜身上。

《金融時報》揭穿了英式民主選舉產生的政府，只是任人唯親的「朝臣系統」，但問題遠不止於此。

二、施政重點錯置。英國面對的問題一籮籮。脫歐後勞動力短缺，一波又一波的罷工殺到，英國的通貨膨脹可能比同類國家更高。英國央行預計，到今年（2022年）年底，英國的通貨膨脹率將達到11%，冬季更高的能源費用，對英國實際家庭收入出現上世紀七十年代以來最大的擠壓。

英國人沒有看到約翰遜提出有力的經濟計劃，來解決這些嚴重問題，因為約翰遜的重點不放在這些地方。

約翰遜愛在烏克蘭問題，或氣候變化的國際合作上大造文章，因為他喜歡這些「高大上」的話題，當初也是靠玩弄這些話題起家。他好像完全不明白，附和美國制裁俄羅斯能源，會令英國人無錢交燃料費。這些「生活小節」，不是約翰遜執政的優先事項。

倒是俄羅斯評價約翰遜下台評得最入木三分。俄總統新聞秘書佩斯科夫（Dmitry Peskov）表示：「我們希望在英國，有一天會有更多能夠通過對話作出決定的專業人士上台執政，但就目前

而言，希望不大。」

俄羅斯聯邦安全會議副主席梅德韋傑夫（Dmitry Medvedev）就指，烏克蘭最好的朋友要離開了。「勝利」（指烏克蘭的）處於危險之中！我們期待德國、波蘭和波羅的海國家的消息。梅德韋傑夫顯然在諷刺這些國家政府，會一個又一個倒下。

約翰遜沒有處理好本國通脹危機，卻一副心思借烏克蘭問題「攞彩」，人民怨氣沖天，失敗是必然結局。

三、脫歐是問題之始。約翰遜不但靠玩民粹政治上位，他最關鍵一役是脫歐。2016年脫歐公投，約翰遜是保守黨內的核心脫歐派，他得一間和俄羅斯有千絲萬縷關係的數據分析公司「劍橋分析」之助，找到300萬過去極少投票的英國選民，用社交媒體向他們散發恐懼訊息，成功拉得他們投票支持脫歐，令脫歐成為事實，趕了首相文翠珊下台。

脫歐對英國明顯是一劑毒藥，英國民主制被人操弄，等同服毒自盡，如今積重難返。約翰遜靠這種「龐氏騙局」（Ponzi Scheme,編按：指非法性質的金融詐騙手法）式的權謀詭計上位，當政後浮誇出位，不務正業，是必然之結果。一個成功令英國脫歐的人，留下難以收拾的爛攤。

俄羅斯估計英國不能找到「專業人士」上台執政，我也覺得是大概率事件，因為如今西方政治民粹風氣大盛。如果仍然選出外相卓慧思這種「傻白甜」政客出任首相，就會繼續把英國帶上死路。

2022年7月8日

聽聽偉大的人講管治經驗

最近看到對沖基金橋水（Bridgewater）的創辦人達里奧（Ray Dalio）訪問前聯儲局主席沃爾克（Paul Volcker）。雖然沃爾克已屆92歲高齡，但思維仍然清晰。

年輕人可能不知道沃爾克是誰，他是過去50年聯儲局最偉大的主席（前稱局長）。

他於1979至1987年出任聯儲局局長，帶領美國渡過驚濤駭浪。美國在1980年出現超高通脹，通脹率高達14.5%。沃爾克就是那個時候出任聯儲局局長，結果他用最棘手的方法去解決通脹問題，他把聯邦基金利率一直加至20厘。

沃爾克在訪問中回顧當年艱難的日子，大幅加息之後，失業率飆升；1982年初，失業率升至10%，通脹尚未顯著回落，但經濟出現衰退。當時社會風起雲湧，有農民開着拖拉機跑到聯儲局門外示威請願，也有議員由年頭至年尾都嚷着要彈劾沃爾克，他非常不受歡迎。幸運地到1982年底，通脹開始回落，經濟衰退逐步過去。

沃爾克回憶說，當時別無他法，只能夠嚴厲加息去勒着通脹這

隻脫韁野馬。沃爾克就是這樣的人，認定目標，以超強的意志，敢於把政策執行到底。沃爾克之後的聯儲局主席，由格林斯潘（Alan Greanspan）開始，都是討好市場的鴿派人物，經濟略有風吹草動，就只會減息去刺激，種下一波又一波的泡沫禍根。

在訪問中，沃爾克評論到美國與中國未來十年發展的時候，顯得相當憂心。他說他有一個美國人可能覺得可怕的想法，在中美貿易糾紛之中，他認同中國國家主席習近平的態度，而不認同美國總統特朗普的。他說習近平的表態一直都是要維持和諧關係，希望中美可以解決歧見，達成協議；而特朗普卻不斷地提出要求，作出威脅，兩人的做法高下立見。

沃爾克引用他心目中英雄——美國第一任財長漢密爾頓（Alexander Hamilton）的說話，「優良政府的真正檢驗在於其治理能力」，他顯然認為特朗普政府失能，指特朗普在減稅的問題上，完全不作諮詢就一意孤行，又經常發表一些沒有根據的憤怒言詞。

沃爾克被問及過去這幾十年，他覺得有甚麼偉大領袖，他提到德國總理默克爾（Angela Merkel）、新加坡國父李光耀，以及前中國總理朱鎔基。他講李光耀講得比較多，他說李光耀雖然在民主方面記錄不好，把反對派拉進監獄，但李光耀在支持國家發展方面有很清晰的目標，有廉潔的公務員隊伍和高效的政府，

令到新加坡這個小小的國家的人均產值，排在世界前列。

沃爾克總結了良好領袖的特徵，包括：一、有很清晰的目標；二、為了達成目標，不怕與反對者鬥爭；三、對人民有深切的關懷；四、領導高效政府；五、得到人民的信任，即心懷民主，不會獨裁。他說他有合理懷疑，如今美國政府在民主及管治能力方面，都有很大的問題。

沃爾克雖然是經濟專家，但他在聯儲局的表現，證明了他也是一位非常成功的領袖。以沃爾克的標準，現時世界上有多少領袖，算得上是成功的呢？

2019年2月16日

一個充斥着謊言和死亡的國度

（2020年7月21日）美國突然要求中國關閉駐休斯頓總領館，要求領館人員三天內撤離。

一個超級大國，可以如此隨意地決策。美國今天在國際上展示的橫蠻霸道，與30多年前我讀大學時相比，完全是兩個模樣。當年只有美國口中的共產主義國家，才這樣行事。當年美國人，還不斷取笑共產國家的領導人，全部是大話連篇的騙子。從蘇聯領袖布里茲涅夫（Leonid Brezhnev），到朝鮮領袖金日成，甚至中國的毛澤東，都是順口胡謅的大壞蛋。十年河東，十年河西，當年的英雄國家，如今壞蛋當道。

一、謊言的國度。幾十年前共產主義國家吹噓自己是理想國度，但實際上貧窮落後，所以被譏笑為以謊言治國。但是，到了今天，說謊話最多的已換成美國的總統。據《華盛頓郵報》的統計，特朗普上任1,267天，共發表虛假或誤導性言論20,055次。到去年（2009年）任期的第三年起，他說謊頻率明顯提高，在彈劾案、黑人之死和新冠疫情等三大事情上，成為他近期謊言的「高發地」。以前，如果你告訴別人，美國總統會公然叫人注射消毒藥水去抵抗流感病毒，人們一定當你是瘋子，但如今這類瘋狂事情，不斷地在美國白宮草坪上上演。

相對地，中國的領袖處事作風愈來愈務實，以對抗新冠疫情為例，除了病毒在武漢剛爆發的短暫混亂時期之後，中央在（2020年）1月連續派三個專家組到武漢實地調查，確認病毒人傳人後，馬上向世界公布，迅速地將病毒的基因排序公布全世界。中國所做的這些事，過去只有美國才這樣做。

二、自利的國度。在八十年代，美國領導世界，無論歐洲以至日本，都以美國作馬首是瞻，所以1985年美國主導《廣場協議》（*Plaza Accord*），要日圓、德國馬克升值，無人夠膽反對。如今美國總統特朗普公然把「美國第一」列為主要目標。美國擺明以本國利益為本，失去意識形態領導者的道德力量，亦喪失了全球的領導地位。

新冠疫情爆發，問題明顯暴露。過去出現這種全球災難，全世界都仰仗美國，希望美國領導世界，對抗疫情。但現在的美國，既沒有打算領導世界抗疫，自身對抗疫情也是一團糟。至今（至2020年7月下旬）400多萬人確診，接近15萬人死亡，成為全球疫情最嚴峻的國家，美國給人的印象是既自私又低能，全世界人大跌眼鏡。

歐洲本來是美國的緊密盟友，連歐洲人對美國的印象也大幅變差。歐洲對外關係委員於5月對9個歐洲國家共1.1萬人作調查，結果顯示法、德、西班牙、葡萄牙、丹麥有三分二的受訪者，因

新冠危機令他們對美國的看法變差，認為在危急時，美國是歐洲的關鍵盟友的受訪者更是買少見少，意大利算是最多，但只有6%。美國自私自利，已令其完全喪失作為全球領導者的地位。相對地，中國雖然未有領導全球的能力，但在對抗新冠肺炎上，展示願意與各國共同合作的態度，例如在開發疫苗上，中國表示如果成功開發疫苗，會以低廉價格提供給貧窮國家使用。

三、政治掛帥，不講人道的國度。在八十年代，中國即使轉向以經濟發展為主要目標，但仍給人不重視人道的感覺。我當時的研究生論文主題，就是「王若水與中國人道主義」。王若水是著名文人，曾任《人民日報》副總編輯，他提倡人道主義，認為政府要以人為本，當時人道主義自然不是主流思想。發展到今天，在新冠疫情處理方面，中國採取最嚴厲手法控制疫情，同時強調人命最重要，要想方設法拯救生命，結果中國累計（至2020年7月下旬）確診個案只有86,226人，累計死亡人數只有4,655人。在美國，人命好像沒有價值，死15萬人不算一回事，總統只在控制人民期望，「我一早告訴你要死一、二十萬人」。看着今天的美國，泛起「世界輪流轉」的感覺。

美國生病了，她會自我痊癒，還是愈走愈遠。今天關中國一個總領館，明天又會不會在南海擦槍走火呢？

2020年7月23日

民主制必須挑起衝突助選？

美國單方面要求中國在三日內關閉駐休斯敦總領事館。美國總統特朗普更威嚇說不排除關閉更多中國駐美的外交機構。現在美國開始輿論造勢，指控中國三藩市總領館窩藏一名被美國控告、隱瞞解放軍現役軍人身分的研究人員。不斷向中國開刀的姿態，明顯不過。

分析政治，不止看表象。特朗普此舉，不止是中美關係緊張的回應行動，更是今年（2020年）11月總統選舉的主要布局。美國疫情失控，經濟下滑，令特朗普的總統大選選情急速滑入冰窖。上屆總統選舉，特朗普依靠幾個搖擺州份，包括佛羅里達州、賓夕凡尼亞州和密歇根州，以微弱優勢奠定了他的勝利。特別是佛羅里達州，有29張選舉人票，從來是美國選舉的成敗關鍵，佛州勝，全國皆勝。如今民主黨候選人拜登在佛羅里達州的支持率有49.2%，特朗普的支持率只有42.8%，拜登領先特朗普6.4%。情況持續下去，特朗普正滑向敗局。

能夠挽救特朗普的選情，主要有幾個因素：一、扭轉疫情；二、谷高經濟；三、爆出拜登的醜聞；四、向中國開刀，轉移注意。

以美國每天超過六萬個新增確診個案而言，疫情不再惡化已偷

笑，隨着進入冬天，疫情或會進一步大爆發，甚至出現美國抗疫專家福奇（Anthony Stephen Fauci）此前預計的，每天確診超過10萬人的危局，疫情對特朗普選情極之不利。至於經濟，隨着疫情惡化，大大拖慢美國經濟重啟步伐。聯儲局不斷無限印鈔，是既定事實，未來恐怕是股市照炒、經濟續差、失業上升，政府包底的局面，對特朗普選情同樣不利。

至於爆對手拜登的醜聞，到今天還見不到爆出甚麼大事件，此前特朗普嘗試利用拜登兒子在烏克蘭投資，想製造醜聞，誰知被對手倒打一耙，爆出特朗普向烏克蘭總統施壓，公器私用，令特朗普一身蟻。特朗普玩醜聞抹黑對手上，沒有甚麼成效。

特朗普別無選擇，唯有向中國開刀。由現時（2020年7月）到11月，估計他會毫不介意地提升中美之間的摩擦。按其如意算盤，是要中美角力逐步升級。我打你，你報復；我再打大力打你，你再報復。最後恐怕美國要把大量的軍力集結到南海，製造一下近乎擦槍走火的危局，希望借此令美國人民團結一起，槍口對外，就可以扭轉選情。

特朗普這個劇本已寫好，問題是要看中國是否配合。

我毫不諱言自己是一個民主制度的愛好者，因為以前在大學的培訓，都是如此。但在過去30多年對世界各地民主實踐的觀察，

最令人失望的是民主選舉制度的歪變。

在民主制度下，每四、五年就更換執政者，而執政者從來想延續自己的執政權力，為搶奪權力寶座，不但放棄從政的初心，還會不擇手段，在選舉時製造危機，激發矛盾，激發選民的衝動反應，投自己一票。政客們甚至不惜挑動重大的軍事及社會衝突，只博一票。最典型的例子是1996年的台灣選舉，當時國民黨「總統」李登輝引入「總統」直選，想成為台灣民主之父，又想自己在直選中當選連任，就不惜自製海峽兩岸危局。在大選前一年的1995年，他訪問美國，演講時提出「中華民國在台灣」，製造兩岸對立。李登輝挑動大陸的敏感神經，並作出反應。大陸在1996年向台灣外海試射導彈，並舉行兩棲登陸演習，美國緊急調動兩個航母戰鬥群進入台灣海峽，令局勢極緊張。

事後回看，這根本是李登輝的選舉工程，要激起戰爭衝突來為自己助選，結果他成功當選總統。之後李登輝扶殖民進黨人上台，每次選舉都重複這一套。今年（2020年）初台灣大選，蔡英文大力挑動香港局勢，為自己助選，把香港搞得亂七八糟。

如果民主是每幾年來一次選舉，而政客為了贏得選舉，都挑起衝突、在鄰近地方放火，甚至想發動戰爭，以達到選舉目的；在選舉之後，則造成本土或鄰近地區長期傷害，這樣的民主制度，是否有建設性，令人極度懷疑。

政客變得短視，變得殘酷，變得不擇手段、變得無所畏懼，只為迫使選民，在極其衝動的情況下，按 knee jerk reaction（膝蓋反應），投下衝動的一票，結果會令整個社會，陷入長期的紛亂當中。這種民主，還值得堅持嗎？

2020年7月24日

是示威還是搶劫？是墮落還是分裂？

美國加州（2021年）11月20日發生一單驚人搶劫案，80人快閃搶劫舊金山灣區胡桃溪一家諾斯壯（Nordstrom）百貨公司，情節如電影一樣。

這些人坐25輛車到場，頂住附近的道路。80人下車衝入百貨公司，打碎門窗，闖入商店搶走商品，然後跑回等候的汽車逃逸。

對街一家餐廳的經理巴瑞特（Brett Barrette）告訴記者，「那一刻真的很嚇人，竊賊們戴着滑雪頭罩，手持撬棍和武器，我一開始以為他們要砸車，結果他們是搶劫的。就像電影裏演的一樣，太瘋狂了。商店內所有客人都很擔心」。網上流傳的視頻可見，大批蒙面人走進 LV 商店，大量搶走 LV 包包，從容逃去。

原來類似事件在早一日晚已經發生，19日晚間在舊金山聯合廣場（Union Square）幾家高檔商店發生集體搶劫事件，一群人砸碎窗戶闖入搶走商品，跑到外面搭上等候的汽車逃逸。

其實歐美國家的治安正急速惡化，因為罪案太多，所以對「小額」搶劫偷竊警方根本不會查。以加州為例，現任美國副總統賀錦麗（Kamala Devi Harris）曾於加州檢察總長任內，通過加州

47號法案，任何950美元（7,400港元）以下的竊盜犯從原先的重罪改為輕罪。現實上加州警察對輕罪案件就不會處理，所以即使戲劇性到諾斯壯百貨公司這種80人攔路搶劫案，警方也處理乏力，拉到人在法庭也會輕判。正因如此，劫匪才如此明目張膽。

這些劫匪也是趁亂出動。（2021年）11月20日，美國一宗受全社會關注的重大刑事案件宣判了。白人青年凱爾·里滕豪斯（Kyle Rittenhouse）在去年（2020年）美國爆發的反種族主義騷亂中，開槍打死兩人打傷一人，結果被美國一個法庭的陪審團裁定為無罪，因為陪審團認定了里滕豪斯的辯護律師提出的、他是在「正當防衛」的說法。所有對他殺人的指控都不成立。

這一判決引起美國社會強力撕裂，多地爆發示威。支持前美國總統特朗普的保守派民眾，認為法庭做出了「公正」的判決；而那些支持美國現任總統拜登的自由派民眾，則認為這個判決「極度荒謬」，「美國沒救了」。

事發在去年（2020年）8月，基諾沙黑人男子布萊克（Jacob Blake）被白人警員從背後開七槍導致癱瘓，觸發新一波「黑人的命也是命」的反種族主義示威，其後演變成騷亂。當地湧現一群以保衛社區財物自居的白人平民持槍上街，不時跟示威者爆發衝突。8月25日，當時年僅17歲的里滕豪斯帶着半自動步槍

AR-15，在基諾沙市內「巡邏」。

美國《華盛頓郵報》發布的一段當時案發的視頻亦顯示，里滕豪斯開槍殺人前，他正被一群示威者追逐，其中第一個被他槍殺的示威者在被殺之前曾經揮舞着一個裝有東西的塑膠袋威脅要襲擊他。而後，其他示威者發現里滕豪斯開槍殺人後開始更憤怒地追逐他，這期間他摔倒在地，一名抗議者追上了他，用滑板襲擊了他，並由此成為了第二個被里滕豪斯槍殺的人。緊接着，里滕豪斯又開槍打傷了一名企圖接近他的男子。

或者我們這些遠在外國的人，更不明白為何在美國，一個17歲的少年，竟然可以合法地擁有大殺傷力的 AR-15 半自動步槍（雖然槍是他朋友代他買的）？

一些美國媒體更擔心，此次無罪判決，可能會導致美國更多極端保守派群體與反種族主義的抗議者，發生暴力衝突。美國人對里滕豪斯案如此極端對立的看法，也再次說明當下的美國社會有多麼的撕裂。

內地媒體分析此事，用上了「美國又朝着解體成為兩個國家，邁出了堅實的一步」作標題。因為里滕豪斯事件導致愈來愈多的美國人不得不開始思考這樣一個問題：如果我們的價值觀和認知如此對立和不同，我們為何還要在同一個國家互相難為彼此呢？

為甚麼我們不分家呢？

這不是開玩笑。自去年（2020年）以來，多家美國媒體及一些智庫，就已經開始在公開談論這個問題了。有的認為美國人必須想辦法化解這一災難性的趨勢，避免美國分裂。但也有人認為，或許分裂成為兩個國家才是最優的選擇。

2021年9月底美國維珍尼亞大學進行的一項民調更顯示，那些支持美國「分家」的民眾不再是少數，而是開始成為了主流。其中，在支持美國現任總統拜登的自由派民眾中，有超過四成的受訪者認為美國應該分裂成兩個國家，一個屬於共和黨保守派的國家，一個屬於民主黨自由派的國家。而在支持美國前總統特朗普的保守派民眾中，支持這樣「分家」的受訪者比例更是超過了五成。

由80人搶劫案到美國各地的暴力抗議，美國如今出現的是示威還是搶劫？是墮落還是分裂？

2021年11月23日

西方管治面對的困境

最近世界很多大事發生。法國議會變天。法國議會選舉第二輪投票（2022年）6月19日結束，總統馬克龍（Emmanuel Macron）的中間派執政聯盟失去絕對多數議席，馬克龍變成一隻跛腳鴨，他想在第二個總統任期推動的改革計劃，勢難在議會通過。

在法國議會全部577個議席當中，馬克龍的中間派聯盟取得245席（佔有議席比例42.5%），雖然保住最大黨地位，但未能取得289席的絕對多數。極左翼政黨「不屈法國」領袖梅朗雄（Jean-Luc Mélenchon）帶領的左翼聯盟，預計獲得131個席位（佔有議席比例22.7%），成為議會中最大的反對黨聯盟。而瑪琳勒龐（Marine Le Pen）領導的極右翼政黨「國民聯盟」，由2017年的8席，大增至現時的89席（佔有議席比例15.4%）。

左派梅朗雄的支持者很多是大學生和年輕人。而勒龐支持者很多是蔑視歐盟、批評北約的保守派。法國6月消費物價指數（Consumer Price Index, 簡稱 CPI）按年升5.2%，是1985年以來最高。在這種高通脹的時勢，反政府的情緒大漲，民意走向兩極，中間路線市場快速收窄。

英國的情況也很壞。英國鐵路工人為通脹而罷工；英國面臨嚴

重通貨膨脹，吃掉企業盈利。英國鐵路工人因通脹想多加人工，鐵路公司因能源成本大升凍結薪金並進行裁員，勞資雙方達不到共識，鐵路工會發動在（2022年）6月20日開始進行30年來最大規模的罷工，為期三天，預計將對倫敦25萬上班族造成重大影響，經濟損失將近一億英鎊。

英國5月CPI同比上漲2.1%，表面看不算太高，但燃油價格同比上漲18%，英國人大呼受不了。英國鐵路工人罷工，令我想起上世紀七十年代英國工黨政府搞經濟搞得很差勁，而各大機構員工排隊罷工的歲月，有很濃的爆煲味道。

罷工行動在整個歐洲爆發，比利時6月份通脹率高達9%，（2022年）6月20日出亦現大示威和罷工，在法國、西班牙、意大利、德國和瑞典等地，據報也有類似比利時的罷工行動。

這一輪環球通脹暴升，由俄烏戰爭及美國發起制裁俄羅斯引發。由於美國5月份通脹高達8.6%，這股民眾抗議高通脹的怒火，亦正燒向始作俑者美國政府。

有一位美國資深政客，曾經對我講解過西方政治ABC，表示他們人民要求很簡單，生活過得好的標準是汽油和食品價格便宜，這兩樣東西是人民生活的必需品，他們大多自己駕車，自己煮食，只要汽油和食品的價格不升，人民無甚抱怨，其他政治爭

拗，只是口水戰。我頓時明白為何美國很多東西都比香港貴，但去油站入油，去超市買雪雞，就比香港便宜。

這位資深政客進一步說明，當反過來汽油和食品價格大升，這兩件事搞不好時，社會就會大亂。因為美國人無儲蓄，生活必需品價格大升，只能碌卡找數，但要付高昂利息，怨氣暴漲。所以物價大升時必生亂事。

既然如此，為何拜登政府還要大力制裁俄羅斯，令通脹飛升，把石頭砸在自己腳上？

拜登當時對俄羅斯發動一輪又一輪的制裁，迫歐盟跟進。既有私心，也有錯判。私心是想切斷俄羅斯和歐盟、特別是德國的能源合作，迫歐盟投美，搞出甚麼西方世界大聯盟，甚至要歐盟依賴美國天然氣供應。錯判是以為一制裁，俄羅斯經濟就會完蛋，華盛頓當日吹噓制裁「令俄羅斯經濟減半」，現在看來十分可笑。美國現在才發現，這是一個「你唔死我死」的局面。歐盟跟美國去制裁俄羅斯，根本就是政治自殺的行為。

香港5月通脹率1.2%，暫未受太大影響。但要小心這場席捲全球的通脹惡浪，會帶來金融動盪，波及香港。

2022年6月22日

美國自製崩盤危局　怪得人嗎？

美國通脹率達到40年高位8.3%之際，不知大家有沒有留意，近期很多美國官員出來講通脹，原來這是一場「宣傳戰」。把對抗一個如此嚴重的經濟問題，當作一場宣傳戰來打，都是美國這個全球領先民主國家才會想出的創意。

要打通脹宣傳戰，皆因今年（2022年）11月就是美國中期選舉，而拜登政府的民望低下。據路透社 /IPSOS（2022年）5月24日公布的民意調查，拜登的公眾支持率在該周下降至36%，有59%的美國人不滿他的工作表現，這是他總統任期以來最低水平。雖然拜登的支持率未跌到特朗普當年的33%低位，但這也足夠讓拜登警覺。目前執政民主黨控制美國參、眾兩院，這種支持率令民主黨至少輸掉一個院的控制權。

美國的「通脹怪獸」嘶吼，拜登也認定通脹是民主黨在選舉中的頭號敵人，所以他們要向通脹宣戰，不過打的是宣傳戰。

據路透社爆料，拜登計劃在11月選舉前發動一場媒體閃電戰，宣傳他為通脹降溫所做的努力，以及對疫情復甦的管理，借此提升他不斷下滑的公眾支持率。

報道引述一名白宮官員稱，拜登首先會與美聯儲局主席鮑威爾（Jerome Hayden Powell）會面，然後計劃在6月間強調，拜登執政17個月期間，歷史性地創造眾多工作崗位和低失業率，強調他尊重美國聯儲局的獨立性，即是聯儲局印鈔不關美國政府事，而政府已作出增加工薪階層收入努力等。

除了拜登外，美國政府多位內閣成員會出來講話，證明政府有作為，包括財政部長耶倫、商務部長雷蒙多（Gina Marie Raimondo）以及經濟顧問伯恩斯坦（Jared Bernstein）和布希（Heather Boushey），他們計劃出席數十個電視節目和現場活動。

這場宣傳還有兩個重點：

一、耶倫認衰。由美國財長耶倫承擔誤判通脹的責任，以防火燒到拜登身上。耶倫（2022年）5月31日接受媒體採訪時表示，她過去誤判了通脹走勢。她說：「經濟所受衝擊的不可預料性和嚴重程度，不僅推高能源和食品價格，也造成供應瓶頸，這嚴重影響了我們的經濟，這一點我當時沒有完全理解。」

二、甩鍋中俄。財長耶倫指俄羅斯入侵烏克蘭以及最近中國的疫情封鎖措施，是事前預計不到的經濟衝擊。副財長阿德耶莫（Wally Adeyemo）亦表示：「通脹是一個全球問題，比較美國正在發生的事情的最好方法，是看看世界各地，因為通貨膨脹

不僅僅發生在美國，這種情況正在全球發生，無法預期的全球事件推高了通脹，譬如俄羅斯入侵烏克蘭。」

宣傳解決不了美國通脹問題，特別因為宣傳主要是去轉移焦點，掩飾拜登政府政策失誤帶來超級通脹：

一、瘋狂印錢狂派現金。聯儲局自2020年初疫情爆發開始，就大幅減息至零，再加量化寬鬆狂印鈔。普京直接踢爆美國「開動史無前例的印鈔機」，指美國的貨幣供應量在不到兩年時間增長了38%，即5.9萬億美元。

而拜登政府的財政政策也是驚人地擴張，包括去年（2021年）推出1.9萬億美元疫情紓困方案，派現金給美國人；又通過1萬億美元基建預算和中國競爭；再加近期又撥出400億美元對烏克蘭援助，這些政策全會谷高通脹。

二、制裁俄國火上加油。在俄烏戰爭後，美國帶頭發動全面制裁俄國石油和天然氣，而對俄國實施金融制裁令，也阻礙了俄國糧食出口。加上美國支持烏克蘭總統澤連斯基（Vladimir Alexandrovich Zelensky）和俄國打仗而非和談，華盛頓種種政策，最後如回力鏢那樣，打到自己身上。所以不要說烏克蘭戰爭不可預計，關鍵是美國的回應。

三、左拖右拖不撤中國關稅。特朗普時代大幅加徵中國商品關稅，本以為到拜登年代會快速取消，結果是擠牙膏式取消。最近這一波說減關稅也說了個多月，美國消費者就為高稅埋單。這個領域也完全是拜登政府可以控制。

美國的真正問題是若不斷加息也壓不低通脹，最後就會爆煲。聯儲局很大機會在6、7月會議各加息半厘，到時指標利率會升至介乎1.75至2厘。若然屆時經濟急回但通脹少回，美國經濟硬着陸機會大增。而這個崩盤敗局，根本就是拜登政府失敗政策自製出來，用一句俗語：「你無咁大個頭，又點解戴咁大頂帽呢？」

2022年6月7日

貿易戰＋貨幣戰

中美貿易戰的底線思維

經常有人問我，中國經濟放慢，是否能頂得順，有無崩潰之險。
我的回答是有信心中國可以挺得過去，這關乎體制，也關乎領
袖，綜合投射出來的核心是政府的管治能力。

就以中美兩國來作一個比較，中國崩潰論的擁躉通常都是美國
支持者。美國的確強大，經濟總量世界第一，軍事力量世界第
一，科技力量世界第一；中國雖然早已是世界第一大出口國，
也追上美國成為世界第一大的消費市場，但以國力計，中國和
美國仍有顯著距離。

不過看中美政府正在做甚麼，又有鮮明對比。美國正在玩政府
停擺。美國總統特朗普堅持要興建美墨圍牆，而民主黨控制的
眾議院反對，特朗普不惜讓政府停擺來威逼對手就範。民主黨
眾議院佩洛西毫不讓步，雙方僵持不下，如今美國聯邦政府停
擺已經超過一個月，美國正蒙受巨大損失。

標普美國首席經濟學家博維諾（Beth Ann Bovino）在一份報告中
預測，政府停擺已為經濟帶來60億美元的損失，超過興建美墨
圍牆的50億美元預算！博維諾說政府停擺愈久，影響愈大，對
各行業和消費者的損害會快速加深。牛津經濟研究所首席美國

經濟學家達科（Gregory Daco）估計，政府停擺延續到1月結束，美國第一季度GDP將損失百分之零點二，停擺每周損失超過7億美元，現時美國有80萬名美國聯邦僱員和合約工至今未拿到工資，令得他們相當憤怒。

美國人普遍把政府停擺的責任歸咎於特朗普，而不是民主黨眾議院議長佩洛西。據CBS最新的調查，47%認為佩洛西處理此事處理得較好，只有35%認為特朗普處理得當。另外有66%美國人認為特朗普如今要做的是通過一個不包括圍牆支出的預算案。民意如此，特朗普本應放棄興建美墨圍牆，政府就可以重開，但特朗普覺面子放不下去，就繼續讓政府停擺。

這是民主制度的失效，總統與反對黨對抗，完全不理會民意和公眾利益，大量公共資源浪費掉。未來兩年，特朗普繼續要面對民主黨控制的眾議院，相信這類無謂糾紛，還會不斷出現。美國政府進入一個低效運作的時代。

反觀中國，正全面應對中美貿易戰和結構調整帶來的經濟放緩，海量的政策正在推出，刺激經濟恢復活力。中國和美國不同，沒有太多政治上的噪音，政府可以集中力量辦大事，比美國快幾倍的速度施政。連西方媒體也承認，這是中國集權制度的強項，當方向對時，顯示出驚人的速度和執行力。

美國正在無效內耗，中國卻快速調整向前。在中美的貿易談判上，兩國的特色也顯露無遺：美國強大而浮躁，中國堅強而內斂。特朗普在政府停擺上碰壁，想快速與中國達成貿易協議，見雙方在一些重大原則問題上仍有分歧，特朗普在 Twitter 上說中國經濟差，叫中國不要玩了，要中國盡快達成協議。

就在特朗普貼文的同一天，就是習近平主席對省部級領導幹部大講「堅持底線思維」的時候。中國面對最大風險是中美在貿易談崩了，美國全面抵制中國，但中共在歷史上面對過不少毀滅性挑戰，毛澤東在 1945 年領導中共預備和國民黨開戰，這樣的日子也可以捱過來，中共是預備和太平天國一樣，戰至最後一兵一卒，寧死不降。

有這種底線思維，美國亮起貿易戰的大棒，也嚇不倒中國，中國不會做超越原則的讓步。

習主席的弦外之音，美國人聽得明白嗎？

2019 年 1 月 25 日

只有我贏或者你輸的貿易

美國正式起訴華為財務總監孟晚舟，以赤裸裸的手段打擊華為。
我早前到訪上海，遠眺上海灘頭，舊上海灘的建築物在晚燈映
照下，仍然光輝璀璨，令人想像上世紀三十年代、充滿外國租
界的上海，簇擁着借來的繁華。當年的上海，不亞於英國的倫
敦或紐約的曼克頓，然而，廣大的中國仍處於貧困之中。如今
回望浦東那邊，一大片新興建築物拔地而起，中國開始有自己
的建築、自己的技術和自己的財富。

上海的歷史，就是一個外國在中國劃分租界的歷史。近因是第
一次鴉片戰爭後，1842年中英簽訂的《南京條約》，列明英國人
有權居住在上海，是為租界之始。我們讀歷史，也讀過不少這
類不平等條約，但我們的歷史教科書卻沒有提到，在中國簽訂
這些不平等條約之前的兩、三百年，中國還是世界上很富裕繁
榮的國家，有外國學者推算中國當時佔全球的總量的三分之一，
而且貿易盈餘大，大量白銀源源流入中國。

當時的中國自認天朝大國，地大物博，可以自給自足，無需要
與外國做甚麼貿易。而西方國家很喜歡中國的茶葉、瓷器和絲
綢。在英國倫敦，曾經有一段時間，在貴族的宴會上飲茶比飲
紅酒更加高貴。西方國家大量入口中國產品，而中國卻很少進

口歐洲貨品，就造成中國有大量的貿易盈餘。

歐洲國家希望減少貿易赤字，使出的第一招，就是我們近期經常聽到的「盜竊知識產權」。首先是茶葉。在鴉片戰爭之前，全世界90%的茶葉產自中國。英國為了盜取中國的茶葉種植方法，其東印度公司派了傳教士羅伯特．福瓊（Robert Fortune）潛入中國。在此之前，西方人以為紅茶和綠茶是兩種不同的植物，經過福瓊的調查之後，才知道是同一種植物，只是加工方法不同。1848年9月，福瓊抵達上海，輾轉跑到武夷山的一家茶作坊學習茶葉的發酵方法。最後他招聘了8名製茶工人，並帶了7萬粒茶樹種子，去到喜馬拉雅山南麓的阿薩姆和大吉嶺種茶，最後跑到錫蘭種植，錫蘭紅茶就是由此而來。後來英國人在她的殖民地印度大量種植茶葉，印度漸漸取代中國，成為出產紅茶的第一大國。

第二是瓷器。歐洲人偷取中國人製造瓷器的技術更加早。遠在十七世紀，中國的瓷器已經賣到歐洲，美麗的中國瓷器令到當時的歐洲貴族萬般着迷。法國就興起盜取中國製造瓷器技術的念頭，派遣所謂「傳教士」佩里昂特雷科萊（Père Francois Xavier d'Entrecolles）到中國，他為自己改了一個中文名「殷弘緒」，他於1698年來到中國瓷器製造重鎮景德鎮，一住就是七年。在那裏，他不但從事瓷器製造業的基督徒打聽，也深入作坊，細細觀察，從原料初選到加工成泥，一直到打坯成型鑄造出窰，全部牢牢

記下，逐步弄清景德鎮製瓷的秘密。

1712年昂特雷科萊用當時的速遞「飛馬傳驛」把一封內藏景德鎮製瓷秘密的郵件，發回法國耶穌教會。後來，這封信被以《中國陶瓷見聞錄》為題，公然發表在《耶穌會傳教士寫作的貴重書簡集》第12期上，震驚歐洲，讓歐洲人首次讀到了景德鎮製瓷技法的「第一手資料」。中國的瓷器製造知識產權就此被盜入歐洲。

第三是絲綢。絲綢製作比較簡單，很早已被歐洲人偷學去了，有一說早在公元六世紀前，拜占庭帝國查士丁尼一世（Justinian I）派人盜取中國人抽蠶繭取絲的技術。

簡言之，歐洲把中國當時的主要出口產品技術，盜竊清光。後來覺得還未足夠填補貿易赤字，就索性販毒，英國在印度大量生產鴉片，賣到中國，用出售鴉片來平衡貿易赤字，使得中國人委靡不振。其後林則徐在虎門銷毀鴉片，揭開鴉片戰爭序幕，中國戰敗，香港由此割讓。

中國的貿易史，就是西方偷盜知識產權和出口毒品到中國的血淚史。貿易這個遊戲，似乎只有西方可以贏，到中國從後趕上，貿易制裁就來了。

2019年1月30日

特朗普對中國「極限施壓」會成功嗎？

中美本來要在本周進行第十一輪中美貿易談判，但美國總統特朗普在香港時間周一（2019年5月6日）突然出招，在 Twitter 上聲言在本周五將會把2,000億美元中國入口貨的關稅，由10%大增至25%，結果震散了全球股市。

在上周第十輪談判後，中方新華社的聲明連「談判有進展」這幾個字也消失了，但美方卻大量「吹風」，稱談得很好，雙方要在本周的第十一輪談判時達成協議。由於風吹得太具體，市場完全相信。但如今卻來180度轉變，特朗普突然反枱，落差真是夠大，很有「特朗普」味道。

特朗普這種談判手法，叫「極限施壓」，美國突然採取很極端的手段，去到一個完全反枱的地步，迫對手做出超乎尋常的讓步，否則對手就可能要付出和美國全面反面的代價。美國對墨西哥和加拿大的貿易談判，在朝核、伊核等問題上，都採取了「極限施壓」的策略，並自稱取得了成果，如今又用到中國身上。

特朗普對中國用上這一招，有三個可能結局：第一，由於中美貿易談判已到了最後關鍵階段，雙方在周五之前達成協議或取得重大進展，特朗普放棄大幅加稅（隱含了中國在威脅前已作了重

大讓步）。第二，本周五美國如期加稅，但很快就達成協議撤回。第三，美國不止對2,000億美元中國貨加稅，還對其餘3,250億美元中國貨加徵25%關稅，中美全面開戰。高盛的估計有40%是加稅，另外60%是雙方達成協議，勉強避過加稅。

我認為四六也好，五五也好，既然特朗普出到反枱一招，自然要預計有破局的可能，首先要觀察本周的第十一輪中美貿易談判能否如期召開，如果取消會議，破局的機會就大增了，雙方繼續開會，才有機會達成協議。

其次要估計一下雙方的回應。特朗普出「極限施壓」想迫中方大幅讓步，但習主席會如此順攤，全面接受美國的漫天開價嗎？退一萬步講，美國真是對2,000億，甚至其餘的3,250億美元中國貨加25%關稅，中國也會全面報復，真是會如特朗普所講那樣，加稅全由中國負擔，美國增加稅收令經濟更好嗎？當然不是。現實是中美兩國、以至全球經濟都會好傷，中國受傷十分，美國也受傷七分，弄不好會觸發一個全球經濟衰退。明年（2020年）11月美國總統大選，若經濟出事，特朗普也無機會連任，所以中國也看清特朗普的底牌，更不會全面讓步。

美國蘭德公司的政治學者塔巴塔拜（Ariane M. Tabatabai）曾分析美國近年的「極限施壓」的策略，其實不太成功。她認為一個成功的施壓策略，必須具備幾項條件：第一，必須有清晰且可

實現的目標，這樣才能落到實處，必須避免不現實的目標。第二，必須向對手傳遞清晰的信號，或是展現自身通過對話實現目標的能力，同時也要向對手明確自己的紅線所在。第三，必須平衡獎懲。還有一點很重要，那就是施壓策略必須要經過一段時間才可以奏效。換句話說，勿求速勝。

特朗普聲言對中國大加關稅去施壓，提出中國不能實現的高目標，沒有展現可通過對話達到目標的能力，對中國只有懲罰沒有獎賞，更自定談判的時間死線，上述蘭德公司學者講的「極限施壓」成功因素全不具備，要自己全贏，對手全輸，其實欲速則不達。問題是如果特朗普堅持要玩，習主席一定陪他玩下去，就怕特朗普玩大了收不到，真是要大幅加稅，那就累死街坊了。

2019年5月7日

論持久戰

美國果真對2,000億美元的中國貨品加徵25%的關稅，美國總統特朗普說他收到習主席的一封「美麗的信件」，又指仍然有機會在本周內達成協議。不過，他又補充，說加關稅是很好的選擇，更聲言正在開始草擬對3,250億美元其他中國輸美貨品同時加徵25%的關稅。

特朗普的語言花招太多，耳聽不真，眼見為實。他已對2,000億美元的中國貨品加徵關稅，我們不但不應過分樂觀地估計，中美很快會有協議，相反，要預備情勢繼續惡化。

從特朗普的角度，明年（2020年）11月才進行總統選舉，如今美股仍近高位，現在達成協議，股市再炒一「浸」，今年升得太高，到明年隨時爆煲，形勢大大不妙。倒不如現在先和中國打一仗，讓股市高位回落，過幾個月再和中國跳舞，到今年底明年初才有協議，美股明年再炒一轉，就可以炒到大選了。

中國面對特朗普這個對手，不能太一廂情願。這令我想起毛澤東的名著《論持久戰》。我眼中的毛澤東有兩個：一個是1949年前的毛，另一個是1949年以後的毛。49年前的毛功多，49年後的毛過大。無論如何，講到幹革命、行軍打仗，毛澤東的確是

專家，他對戰爭的分析，很有參考價值。

1937年，發生「七七事變」，日軍開始侵華，毛澤東在1938年5月延安一個戰爭研討會上，發表長篇講話，題為《論持久戰》，是關於中國抗日戰爭的政治軍事的基本方針。當時，國民黨內對抗日戰爭有兩個極端看法：一個是「中國必亡論」，另一個是「中國速勝論」。毛澤東這篇《論持久戰》，就要反駁這兩種理論。他認為中國會速勝，是根本忽視了日本強、中國弱的現實，完全沒有客觀基礎；至於另一個極端，說中國必亡，是看不到中國抗日的韌性。他提出要用持久戰的策略，長期與日本對抗，爭取最終勝利。

中美之間的對抗，宏觀上是一場持久戰，是未來幾十年的鬥爭。中國的經濟總量已增長到美國的六成水平以上，也成為世界第二大經濟體，挑戰到美國霸權地位，美國便使用種種方法去壓制中國，包括外交上的、經濟上的，以至軍事上的。兩強相遇，產生摩擦，這是歷史發展的必然。至於特朗普，一個貌似莽撞，實則奸險的美國領導人的出現，則是歷史的偶然。特朗普把中美的摩擦，用一種很戲劇化的方式呈現出來，但沒有改變矛盾的本質。

從微觀上看中美貿易戰，它維持的時間也可能比想像中長。特朗普「可能在本周內達成協議」的說話，我暫信一成。

特朗普大加關稅，用刀架在中國頸上，如習主席全面接受特朗普的「城下之盟」，就有機會在一個星期內達成協議，否則大家還是要先打一仗，你出刀，我也要亮劍了。

毛澤東的《論持久戰》，說穿了是一種戰略思想準備，要充分明白敵強我弱的現實，不要做夢以為好快會打垮敵人，反而要預備曠日持久的戰爭，「深挖洞，廣積糧」，慢慢和敵人耗下去。

中國是專制政體，美國是民主政制，打起仗上來，專制政體忍痛力強，比較優勝。2020年11月是美國總統大選，耗下去中美經濟兩敗俱傷，特朗普就不能連任，所以這是美方的死線。中國的基本策略，就是不做超越底線的讓步，睇死特朗普最遲去到2020年中就要和中國達成協議，挺高經濟和股市為大選造勢。時間一拖，美國急，中國不急。

目前的一關最難揰，未來中國應該會力挺經濟，嚴防資金外流，揰過美國人為我們製造的嚴冬。

2019年5月11日

中國在貿易談判中的反制核彈

美國總統特朗普顯然有點急,加徵了2,000億美元中國貨品關稅之後,又馬上以國家進入緊急狀態為由,指令美國公司不可以購買華為產品,加大力度向中國施壓。而中國除了向600億美元美國貨品加徵關稅報復之外,暫時未有重磅的招數還擊。

美國媒體羅列了多種中國可能作出的反制手段,從仿效美國禁止購買部分美國公司產品,發動國人的愛國情緒去抵制美國貨,到沽出美債等等。在上述這些反制的手段當中,沽出美債是核彈級的手段。

據最近的數字顯示,中國在(2019年)3月減持了205億美元的美國國債,中國的美國國債的持有量已降低至1.12萬億美元。雖然事情在3月發生,外界仍然認為是中美貿易糾紛的結果。把時間拉長一點看,從去年(2018年)4月至今年3月的12個月內,中國共計減少了672億美元的美國國債,減幅5.2%,相對於2012年中國持有美國國債的高峰期,至今已減少了2,000億美元。當年,中國持有美國國債12%,現時已大幅下降至只有7%。

特朗普經常把對中國貿易逆差4,192億美元(2018年),說成是

被中國掠奪了美國5,000億美元。事實上，這4,192億美元是美國購買中國貨品所付出的錢，不存在「搶」的概念。我去街市買了20元的菜，不會說菜販搶了我20元。尤有甚者，原來我買菜的20元，是那菜販借給我們的，怎麼敢膽說那菜販搶我的錢？

美國大量購買中國貨，歸根結柢，是美國政府和美國人民都「使大了」，美國政府出現巨大財政赤字，便發行債券借錢。中國對美貿易出現順差，就把賺來的外匯，主要用於購買美國國債。換言之，中國借錢給美國人買中國貨。當然，美元是全球最流通的硬貨幣，而購買美國國債亦被認為是最穩健的投資，因為沒有人會質疑美國的償付能力。再者，現時日本和歐洲仍在進行量化寬鬆，仍在大印鈔票，而美國早已停止量寬，並開始加息，令到美國國債的息率遠高過其他發達經濟體。以十年的國債為例，德國十年期國債息為0.101厘；日本十年期國債息為0.064厘；英國十年期國債為1.074厘，而美國十年期國國債息卻高達2.405厘。

中美之間這筆帳，你中有我、我中有你，已經有點計不清。中國賣很多貨給美國，同時借出很多錢給美國買中國的貨品，這等於一個互相依存的關係。到今天，特朗普突然說對中國的貿易逆差等如掠奪，卻不見他說美國向中國借了那麼多錢是美國掠奪了中國的資產。特朗普斷章取義地挑出一個數字作為說詞，向中國施壓，要在談判桌上爭取最大利益，中國不肯就範，談判便破裂了。

如果中美貿易糾紛繼續升溫，到最後美國不能阻止中國大量沽售手上的美國國債。中國大幅沽售美國國債，後果就是債價下跌，債息上升。瑞銀（UBS）此前曾估計，中國若有序地沽售美國十年期國債，利息會上升0.4厘；但我相信如果中國急速沽售美國國債的話，將帶來一場債災，令到利息急升。

不過，沽售美國國債是核彈級手段，傷人也會傷己。美國利息急升，會觸發金融風暴，中國也會受到衝擊。對中國而言，利息上升會令到債券價格下跌，本金受損。而轉買利息較低的其他國家的國債，也會損失投資收益。這是一個兩敗俱傷的做法。

在這個「你中有我、我中有你」的全球化時代，特朗普以為只要大力向對手施壓，便可以全贏，這樣的作為，相信只有美國中南部的農夫，才會認同。

2019年5月18日

去全球化，不太美麗的新世界

一覺醒來，加拿大宣布以國家安全為由，在5G 網絡設備中，排除華為和中興通訊的設備，成為五眼聯盟國家之中，最後一個國家加入封殺中國科技巨頭的行列。

這種制裁本身是毫無道理的，第一，加拿大並無任何證據證明華為和中興的設備用於5G 網絡中會影響國家安全，純是政治臆想。

第二，過去中國並無因國家安全問題，禁止任何美西方的設備用於自己的通訊網絡內。

第三，美國才是其他國家的通訊設備安全的最大威脅者。美國前情報員斯諾登（Edward Snowden）此前就爆出美國如何入侵各國的通訊設施，甚至會竊聽其盟國領導人的電話。在鐵證如山的情況下，各國基於自由商業原則，仍沒有禁止使用美國的通訊設備，倒個頭來，美國就禁止中國的通訊設備。唯一的解釋是，華為實在太強大，在電訊設備領域及5G 網絡方面，完全領先美國公司，美國為了壓制中國的科技公司的發展，唯有以莫須有的原因發出禁令，試圖直接扼殺華為的發展。

加拿大政府在此刻宣布禁止華為、中興的設備用於其5G 網絡，

背後難以排除拜登政府的影子。

美國同中國對抗，已經變成其國策之一。但美國一方面玩弄台灣議題，另一方面在本土反通脹和烏克蘭問題上面又要求中國和她合作，例如講到烏克蘭，就要中國加入美國的行列去制裁俄羅斯，也禁止中國提供任何物資支援俄羅斯，而美歐等國家則源源不絕地提供武器及其他資源予烏克蘭，叫烏克蘭人去打仗。俄羅斯外長拉夫羅夫就有一句名言：美國和歐洲試圖和俄羅斯「戰鬥至烏克蘭最後一人」。

長線而言，我們要預備無論美國那個黨上台執政，這個世界將會是一個東西分裂的世界。中國不希望如此，但現實上難以阻止這個情況發生。全球所有的國家都要作出選擇：去全球化，勢在必行。要麼跟中國，要麼跟美國。

美國一直想要重新建立一個脫離中國的供應鏈，目的是萬一發生戰爭，美國不至於因為供應鏈掌握在中國手上而經濟崩潰。但現實上，這個行動要付出重大代價，例如目前全球晶片有五成在台灣生產，兩成在韓國生產，美國本土生產的晶片很少，美國就想將晶片生產基地搬到美國，但生產成本要高五成。這些去全球化行為，馬上會帶來高通脹，我們要預備好迎接這個不太美麗的新世界。

2022年5月21日

美國正在打貨幣戰

近日環球股市急升，除了因為中美兩國元首將於 G20 國峰會上會面之外，周三（2019年6月19日）結束的美國聯儲局會議，繼續暗示會減息提振美國經濟，對市場也有很大的刺激。

美國總統特朗普一直向號稱獨立的聯儲局主席鮑威爾施壓，迫他快速減低利率。現時市場相信特朗普多過相信鮑威爾，因為聯儲局開會之後公布出來的聯儲局官員對聯邦利率預期的「點陣圖」，顯示他們估計2019年美國的利率平均為2.4厘，和目前差不多。但據美國聯邦利率期貨交易數字顯示，市場預計今年（2019年）會再減息三次、合共減息0.75厘的機會超過41%，反映市場預計美國減息幅度遠高於聯儲局所預計的。換句話說，市場較相信特朗普。

美國有減息的*趨勢*，歐洲亦有意鬥減。歐洲中央銀行行長德拉吉（Mario Draghi）在6月18日的歐洲央行年會上說，「如果歐洲通脹未能達標，進一步削減利率是政策工具的一部分。繼續進行量化寬鬆（買債）計劃，仍有相當大的空間。」

特朗普聽到德拉吉這番話後，大發雷霆地說，歐洲有意圖刻意弱化歐羅，藉以取得貿易優勢。美國研究機構艾克森數據公司

分析，如果歐羅兌美元跌破1.1的關口（現價1.1305美元），特朗普將大為震怒，並會祭出大幅加徵歐洲汽車關稅的手段。

特朗普一方面透過以增加貿易夥伴關稅的威嚇，以拿到更好的貿易協議；另一方面是推行弱美元政策，去推升美國出口。

特朗普批評中國借人民幣貶值，去沖減對美國加徵中國貨品25%關稅的影響。事實上，由於貿易戰對中國的衝擊比美國大，所以人民幣相對於美元弱化，是正常的市場反應。但隨着美國減息步伐臨近及貿易談判重開，人民幣已經從低位反彈。很明顯，特朗普是把貿易戰轉變成貨幣戰。他這個策略是要防範萬一與中國貿易談判失敗，美國還可以透過美元貶值去刺激出口，是一個有兩手準備做法。那麼，到底中國應該如何回應？是人民幣與美元競相貶值，還是要另尋出路呢？

前高盛的資產管理主席奧尼爾（Terence James O' Neill），是創出「金磚四國」這個名字的前高盛策略師。他最近接受訪問時表示，人民幣不應該進一步貶值，剛好相反，人民幣應該盡量維持穩定，並盡速國際化，便可以挑戰到美元的地位。他認為中國不應該借人民幣貶值來增加對美國的優勢，而是應該強化人民幣全球地位去挑戰美國。唯一能夠改變美元壟斷的因素，就是有另一隻真正的、長久的替代貨幣，可以讓投資者有選擇。

奧尼爾認為，人民幣貶值雖然可以增加出口貨品顯得便宜，但長遠會削弱對投資者的吸引力。另外，他亦提到中國應該透過增加消費者購買力來強化其全球位置，因為中國消費現時只佔GDP的40%，而美國消費則佔GDP的70%。未來20年，美國消費者很難繼續成為包括美國在內的環球經濟的主導力量。相反地，中國消費者的消費力會繼續增長，最終成為一股推動全球經濟的最大動力。奧尼爾的講法相當有趣，與時下一般的想法不同。他覺得中國不應與世界對立，透過沽售美債去損害美國，而是應該倒個頭來深化和環球金融體系的關係，強化人民幣以挑戰美元的位置。

中國正與美國競賽，在貿易戰開打下，誰的經濟韌力較強，未來的發展空間較大。未來也會是一個貨幣戰爭的世界，如果有一隻貨幣可以挑戰到美元的壟斷性地位，恐怕對美國的衝擊，真的會較中國沽售美債更大。

2019年6月22日

壓制華為

說好的一切自由開放都是假的

過去我們一直以為是開放的東西，原來不是真的。在毫不緊急的情況下，美國總統特朗普在（2019年）5月15日簽署行政命令，以「國家進入緊急狀態」為由，指有外國敵對勢力對美國的通訊系統構成國家安全的威脅，禁止美國公司與中國的華為做生意，既不可以買華為的產品，也不可以賣商品或服務予華為。

谷歌隨即宣布停止與華為手機的業務往來，意味着華為不能再使用更新版的手機安卓系統。換言之，當谷歌更新版本後，華為手機不但用不到 Google Play 應用程式商店，Gmail 電郵軟件、YouTube 網上視頻應用、Google Map 地圖和 Google Chrome 瀏覽器等其他的谷歌應用軟件，將不能夠在華為手機上使用。過去谷歌不斷推送迫人用的東西，華為手機用戶將不能用。2007年智能手機剛起步的時候，蘋果發展自己的 iOS 手機操作系統，而谷歌則發展安卓（Android）系統，但由於谷歌自己做手機不成功，便把安卓開放給其他智能手機製造商使用，與蘋果的 iOS系統競爭。谷歌透過安卓系統的應用軟件商店分成，開發了一門相當賺錢的生意。

當大家都相信了安卓系統是一個開放系統的時候，突然在美國總統宣布的一個子虛烏有的緊急狀態令下，就可以指令谷歌把

一家手機製造商排除出去安卓系統之外。所謂自由市場原則，原來是假的，所謂開放的軟件系統，也是假的。在特朗普一句「America first」，在美國國家的利益前提下，美國提出那怕是不成理由的理由，就可以禁止別人使用原本開放的東西，否定自由貿易，扼殺商業競爭。

這還不止，美國更禁止英特爾、高通、博通等晶片製造商供應零部件給華為。去年（2018年），華為一共採購了1,700億美元的零部件，當中從高通、美光、英特爾購買的晶片和智能手機處理器就達到111億美元。同樣地，美國總統一句「國家安全」，這些公司就不能再向華為供貨，目的就是要打壓華為的手機和5G電訊設備的生意和發展。當美國可以這樣直接地運用行政手段、赤裸裸地打壓商業競爭對手的時候，美國向來推崇備至的自由市場和自由貿易理念，變成一個大笑話。這些原則，原來只是對美國有利時才會用。

華為手機不能夠再使用谷歌的手機軟件，勢必影響到華為手機的歐洲市場，因為歐洲人已習慣使用谷歌的 Gmail、Chrome 和 YouTube。不過比較幸運的是，由於中國向來禁止使用谷歌上述的手機應用程式，內地人都沒有使用的習慣，華為手機在內地市場反而不會受到衝擊。回想當日中國政府禁止谷歌的應用程式在中國使用，當時也被批評為封閉市場，現在看來，或許中國下禁令是出於政治原因，但幸好有這些禁令，令到中國用戶

不慣用谷歌的產品，華為才不至於連中國市場也被扼殺。

華為對此也並非毫無準備，很早以前已成立晶片子公司——海思半導體，美國政府的禁令一出，海思半導體的總裁何庭波便向員工發信，說美國在作毫無依據的情況下封殺華為，做出了最瘋狂的決定，令海思的後備方案，一夜之間變成正規方案。

至於手機的操作系統，華為也做了兩手準備，華為原來早於2012年，已開發了自己的操作系統。華為消費者業務 CEO 余承東曾表示：「華為已準備了自己的操作系統。如果不能夠使用谷歌和微軟的操作系統，華為便會啟動 B 計劃。」據聞華為自行開發的操作系統名為「鴻蒙」，是 Linux 操作系統的優化版。而應急方案則是用仍然開源的安卓系統變奏版。無論如何，美國的禁令將會對華為的業務造成一定的衝擊。特朗普近日更表示，他在給國家主席習近平的信中已講明，中美連成的任何協議，都要對美方比較有利，不可以五五對分。

我們從沒見過會有一個國家在與別國談判時，會公然表示只接受單方面對自己有利的協議。美國現時在做的，已等同對別國宣戰後的戰爭行為。在近乎戰爭的狀況下，香港人也只能夠在中國和美國兩者之間，揀選其中一方了。

2019年5月21日

一個扼殺中國科技發展的協議

中美貿易戰繼續升溫，美國繼華為之後，繼續封殺中國其他的科技公司，持續向中國極限施壓，迫逼中國盡快全面接受美國的條件。

美國總統特朗普一直說中美雙方本來要達成強而有力的協議、「很好的協議」。究竟他口中的「很好的協議」是甚麼呢？我們可以從《紐約時報》（*New York Times*）披露的資料，看到一些端倪。《紐約時報》引述「知道談判內情的人士」，羅列了美國向中國提出的八項要求：

一、中國一年內對美減少貿易順差1,000億美元，之後一年再減少1,000億美元；二、中國停止《中國製造2025》中對先進製造業的補貼；三、接受美國對《中國製造2025》產業的潛在進口限制；四、實施直接的、可驗證的措施，阻止網絡間諜入侵美國商業網絡；五、加強知識產權保護；六、接受美國對中國的敏感技術投資的限制，並不進行報復；七、將目前中國關稅10%的平均降至與美國相同的3.5%水平；八、開放服務業和農業。除了這八項要求之外，美國還要有執行機制，包括保留部分加徵的關稅以確保中國遵守協議，以及兩國每季度共同審查協議的執行情況。

據路透社分析，美方提出的談判條款，最獨特的地方，不是傳統的談判貿易協議，即降低國與國之間的貿易壁壘，基於雙方都要遵守一些協議條款的設想而制訂。當前中美貿易談判的目的似乎是單向的，這種邏輯與以往的貿易談判很不同，更類似美國過去對敵國先實施制裁，然後開列條件，要對方完全接受，才會解除制裁。

拆解美方的八大要求，主要有兩個面向：第一是迫使中國大幅降低貿易順差；第二是抑壓高科技行業發展。簡言之，美國要協議既藉削減貿赤大大加強自己的實力，同時全面削弱中國的競爭力，說白了這是一個扼殺中國科技發展的協議。若中國對這八項要求照單全收，未來發展將受嚴重限制，只能做一個距離美國很遠、乖乖的老二了。

就大幅降低中國對美貿易順差，美國要求中國降低出口，中國堅持只能增加入口。中國投訴美國要求中國減少貿易順差的數字愈叫愈高，去到一年減 1,000 億美元的水平，不要說一年買多 1,000 億美元美國貨，只是買多六、七百億美元，中國也不易買。買美國大豆買不了那麼多，買美國天然氣不是說買就買，美國要建好大量輸出液化天然氣的設備，可能也要等到 2022 年。

有高人指，中國計劃大量增購美國貨，但買到無東西可買，曾經討論不如買美國的黃金，中國買黃金作儲備，一年買多二、

三百億美元無問題，但美方認為美國的黃金不是由本國生產，買黃金不算數。由此可見，美國自己花錢花多了，出現巨額貿赤，但要中國大買美國貨去填數，客觀上並不容易。

就美國要打殘《中國製造2025》的問題，對中國來說，既然美國不喜歡聽《中國製造2025》，中國近日也少講了，但美方提出要中國「接受美國對中國的敏感技術投資的限制，並不進行報復」，如此單方面對中國發展科技的限制，理據何在？中國如全面接受美國提出要中國單向「自殘」的條件，中國領導層接受了，又如何向國人交代？所以中國堅持要麼不管，要管就大家都有對等安排，自有她的道理。

發生全面貿易戰中國要付出的代價很大，但接受一個扼殺中國科技發展的協議代價更大。如今無論有無協議，中國都要全力部署一系列的長遠策略，前提是中美關係已有質變，中國要部署如何在美國的打壓之下，繼續發展成一個科技強國。

2019年5月24日

任正非的君子劍

華為創辦人任正非，為了回應美國對華為的制裁，最近接受了一連串中外媒體訪問。他提到支持華為不一定要買華為手機，他甚至自爆女兒愛用蘋果手機，而不用華為的產品。他又說北京不太可能對蘋果公司採取報復行動，但假若真的有這種行動，他會第一個出來反對。任正非這些講法，在海外大獲好評，在中國亦甚受知識分子讚賞，認為他沒有煽動民族主義情緒去支持華為。

看任正非的訪問，可以學到很多東西。他在華為面對重大危機的時候，使出的是一種君子劍的套路——內斂而謙遜，比小說中的君子劍主人楊過更自我克制。任正非這個形象，對西方有很大的親和力，一定程度穩定了長期暴露在反華為宣傳的歐洲用戶的情緒。任正非很聰明，他知道現時不是煽動民族主義的時候。

不過，任正非謙遜之餘，講到華為方面卻並不示弱，他說：「我不知道美國的動機是甚麼，華為暫時不做美國市場也沒關係，因為沒有美國市場，我們還是世界第一。我還是喜歡做好一點，一門心思往前走。」任正非表示在未來五年會投入 1,000 億美元的研發經費，要在車聯網、人工智能和邊緣計算三大領域找到

突破點，令華為成為資訊科技產業的世界第一。

任正非使出君子劍的招式，同時展現不卑不亢的態度，深受西方網民好評。有網民甚至留言，「幸好有特朗普封殺華為，大家才會見到華為正在做甚麼，聽到任正非在說些甚麼，讓大家學習得到危機處理的方法。」

究竟任正非如何處理危機呢？其實，早於2000年，任正非已經做了一次示範表演。他在《華為人》報上發表了一篇名為《華為的冬天》的署名長文，那時正值互聯網第一波爆發，電訊行業高歌猛進，也是華為發展的第一個高峰，華為銷售當年達到220億元人民幣，利潤29億元人民幣，位居中國電子百強首位，還超越了國外巨頭的增長速度。然而，任正非當時卻預告：「凜冬將至，誰有棉衣，誰就活下來了。」他看到了電訊科技業的寒風，寫下這篇後來轟動業界的文章。提到做企業要「向死而生」，希望華為人能夠把危機意識融入血液和基因之中。

他甚至坐言起行，把當年公司最賺錢的電源部門安聖電氣以7.5億美元賣給了美國艾默生（Emerson）公司，提前準備出了一件「過冬小棉襖」。其後互聯網泡沫爆破，觸發了全球經濟危機，寬頻發展又帶動了IT行業的轉型，華為亦遭到巨大的困難，業績大幅下滑，要調整架構、收縮業務去度過寒冬。但全靠任正非早有準備，華為最後能夠破繭成蝶。到2018年，華為全球收

入首次超過1,000億美元水準，達到1,070億美元（7,212億元人民幣），純利593億元人民幣，同比增長25%！現時（2019年5月），華為服務着全球超過四成的人口，業務遍布全球170多個國家和地區。

任正非不但有預知危險的能力，亦積極部署以應對寒冬。

今天美國要全面封殺華為，大家才驀然發現華為早已設立了一個部門「2012實驗室」，這名字的靈感來自電影《2012》。任正非看完這套電影之後，認為華為也要建造一艘「挪亞方舟」。「2012實驗室」成為華為的研發主體，而海思半導體生產的晶片，就是這個構思下的產物。

任正非預計晶片供應會給美國切斷的一天，他對海思的總裁何庭波說，「我給你每年4億美元的研發經費和20,000員工」，何庭波當時真的嚇壞了。任正非果然言出必行，因為他認為「關鍵技術一定要自行站立起來，適當減少對美國的依賴。」華為要造高精晶片，要造操作系統，就是這個道理。熟悉華為的人，對海思應該不會陌生。華為的麒麟晶片、服務器晶片鯤鵬系列、基站晶片、基帶晶片、AI晶片，安防芯片等等，都是海思的產品。

要預視危機，需要有很高的前瞻性，華為要做世界第一，已預

計到一定會被美國封殺，很早已安排了極限生存的條件，才能輕鬆地使出君子劍。如果你手軟腳軟，卻去學人舞君子劍，不但不能打低對手，最後只會在掌聲中死掉。

2019年5月29日

你搞我晶片　我搞你稀土

美國把貿易戰擴散到科技領域，禁止美國企業與華為交易，其中的關鍵是切斷對華為的晶片供應。我昨天（2019年5月29日）的文章提到華為的子公司海思也有生產晶片，美國未能夠全面扼殺華為。不過，現實是美國晶片供應量大，價錢便宜。華為要完全自行供應晶片，一時間未能做到，而且成本亦高。

《人民日報》昨日發表一篇署名為「五月荷」的評論文章，題為《美方不要低估中方反制能力》，文中說，「美方想利用中國出口的稀土所製造的產品（指的是晶片），反用於遏制打壓中國的發展，中國人民決不會答應。當前美方完全高估了自己操縱全球供應鏈的能力，在自我沉醉的空歡喜中無力自知，但其清醒後注定要自打嘴巴。」

《人民日報》的文章亦提到「中國是世界第一稀土生產大國，稀土是否會成為中國反制美方無端打壓的武器？答案並不玄奧……來自稀土產業的美國企業界人士最近頗為不安地對媒體表示：『我們落後很多，我們甚麼進展也沒有。』國際市場研究機構的資料顯示，美國是中國稀土的主要買家。事實上，美國生產的消費性電子產品、軍事裝備和其他許多產品，都高度依賴中國稀土資源。」

《人民日報》差不多已打開口牌，說會用稀土反制美國。事實上，中國打「稀土牌」，是由（2019年）5月20日國家主席習近平考察江西贛州稀土產業開始。

5月28日，中國發改委官網引述相關負責人答記者問，講到稀土會否成為反制美國的重要籌碼，該負責人說：「有誰想利用我們出口稀土所製造的產品，反用於遏制打壓中國的發展，那麼我想贛南原中央蘇區人民、中國人民，都會不高興的。」

發改委負責人的「贛南原中央蘇區人民」的說法，很明顯是在呼應習近平在江西考察時，強調要弘揚長征精神，要在新長征路上戰勝來自國內外的重大挑戰。習主席這個說法，暗示中國在貿易戰上中國要當作新長征，要與美國打持久戰。

那麼，究竟中國是否可以利用稀土反制美國呢？中國佔有全球九成五的稀土市場，然而，稀土資源在全世界多個地方都有，美國也有，只不過是生產稀土的過程會嚴重污染環境，其他地方都不願意生產。中國過去對環境保護考慮甚低，稀土大量開採，並且低價傾銷。其他國家考慮到開採稀土的環境代價，自然樂於購買中國的廉價稀土，造成對中國稀土的依賴。

有外國分析說中國不能夠利用稀土打擊美國，首先是美國也有稀土資源，只是不開採而已。其次是美國只從中國直接進口3.8%

的稀土，因此，中國即使限制對美國稀土的出口，對美國晶片業的阻嚇性不大。

不過這兩點說法存漏洞，首先，正如特朗普禁止美國企業向華為輸出晶片一樣，長期而言，華為也可以大量自行生產晶片，但短期中國的晶片生產接不上來。

中國向美國打稀土戰的情況也一樣，一年之後，美國也可以自行建其稀土生產線，填補供應空隙。就在5月20日，澳洲的稀土生產企業萊納斯，宣布與美國藍線公司合作，在德州興建一家稀土分離工廠，看來美國正急忙地要開發稀土生產，以應對可能被中國禁運的危機。

至於美國只進口3.8%的中國稀土，皆因大部分的相關製造企業已移出美國，用稀土作為晶片原料的加工工序主要在美國以外的地方發生，但這不代表中國限制對美國輸出稀土不能約制到美國，因為中國可以向那些為美國生產稀土產品的國家，加徵稀土出口稅或者限運，這與美國迫使其他國家共同遏制華為的手法一樣。

總的而言，中國已經把問題講得很清楚，在全球產業鏈當中，你中有我、我中有你，你用晶片制裁我，而你生產晶片的稀土原料是我供應的，我也用稀土制裁你，互相制裁，可把產業鏈

拖垮，「大家攬住一齊死」。中國向美國發動稀土戰，等如美國向中國發動晶片戰一樣，有短期的阻嚇作用，但也有自身的缺陷，也可說是一種玉石俱焚的方法。

2019年5月30日

特朗普一腳踢在中國這塊鐵板上

美國打響科技貿易戰。美國商務部2020年5月15日公布新措施，向中國科技巨頭華為開刀，措施包括：一、華為和旗下海思半導體使用美國商務管制清單內的軟件和技術所設計生產的產品，都將納入管制；二、對於位處美國以外，但被列為美國商務管制清單中的生產設備，要為華為和海思產品代工生產前，都需要獲得美國政府的許可證。由於這些新措施，會對像台積電這些晶圓代工廠帶來巨大衝擊，美國政府給予120天的緩衝期。

美國伸出長臂，要求對在美國以外、與華為做生意的晶片公司，也要得到美國的許可。過去兩年，中美開打貿易戰，美國狙擊華為，華為大力發展其屬下的半導體公司海思，自行設計手機晶片，即所謂的「麒麟處理器」，用於華為手機上。由於華為沒有生產晶片的能力，設計出來的芯片，都會像高通及蘋果一樣，交給台積電生產。美國這些新措施，連台積電這家非美國公司也限制了，將來不能夠再為華為代工生產晶片。

特朗普為了自己在（2020年）11月的總統大選，把疫情的處理不當，向中國甩鍋，並向中國發動科技貿易戰，轉移國內的注意。但北京已經拍板，要和美國全面抗爭。無論是在貿易問題、香港問題及台灣問題上，對美國都會寸步不讓。特朗普很快便

會感受到，他是踢到中國這塊鐵板上，一不小心，可能連自己的腳也會踢斷。

第一，美國制裁華為。華為短期內陷入捱打的局面，中國不是省油的燈，一定會對美國針對華為的行動作出報復。之前中國推出了「不可靠實體清單」，外界估計中國會把手機公司蘋果、飛機公司波音、電訊公司高通等對中國有重大出口的美國公司，列入反制清單。以反制波音為例，波音本來已經因為737 Max飛機的安全問題被打殘，再加上環球航空交通因疫情而停頓，如果中國再宣布完全不買波音飛機的話，恐怕就是壓垮波音這隻駱駝的最後一根稻草。要拯救波音，美國聯邦政府將要投入數以百億美元計的資金。

中美科技貿易戰打下去，中國企硬，美國便會變成打「七傷拳」那樣，傷人亦傷己，迫不到中國屈服。

第二，台灣問題。美國打台灣牌，但台灣一旦把「仇中」變成「謀獨」，下場將會很悲慘。台灣新黨榮譽主席郁慕明最近分析，美國力挺台灣，實質只是為了鉗制正在崛起的中國。郁慕明判斷，台灣將面對兩種可能：第一是美國雖然不樂見中國崛起，但仍與中國維持既競爭又合作的關係，台灣變成一張向中國討價還價的牌，那天中美和好，台灣便會變成「棄子」；第二是比變成「棄子」更危險的狀況，就是中美衝突升級，超出可談判範圍，

中國先發制人，把美國的「台灣牌」收回，戰場就會在台灣。中美鬧翻，充當馬前卒的台灣必會首當其衝，成為美國反中圖謀的替死鬼。

第三，香港問題的強硬結局。中央台最近播出一連兩輯的紀錄片《另一個香港》，直指香港的反修例，如今走向恐怖主義邊緣，關鍵是幕後的外國勢力。中國的立場已很明確，若外國這樣在香港搞下去，只能夠採取最強硬的方法，亮出23條之劍，切斷外國勢力在香港的各種類型的干預。

香港的反對派經常說中央不敢這樣做，因為怕美國制裁香港。但現時有近10萬名美國人在香港經商和工作，美國每年對港有300億美元的貿易順差，美國真的要制裁香港，香港受損，美國也不好過。香港人不吃美國的安格斯牛肉，改吃日本和牛或巴西牛肉，也死不了。

總的而言，中國絕對不會接受特朗普因為個人的選舉，把新冠疫情的責任硬推到中國身上。中國別無選擇，只能強硬回應。特朗普想從中取得甜頭，贏得選舉，恐怕不是他想像那麼容易。

2020年5月20日

孟晚舟事件——中美國力的轉折

孟晚舟回國，舉國歡騰，慶祝一場對美國的勝利。內地普遍的總結是：一場用鬥爭贏取的勝利！不敢鬥爭，就不會有勝利！

3年前（2018年），美國對華發動貿易戰，制裁華為，叫加拿大拘捕孟晚舟，脅迫中國就範。

3年後，孟晚舟不認罪不賠款，平安歸來。

不要以為這樣很容易，在美國的長臂之下，被捕的人還能這樣全身而退，孟晚舟還是第一人。

前法國阿爾斯通公司高管皮耶魯齊（Frédéric Pierucci）當年在美國被判刑並坐了5年監，阿爾斯通公司付出7.7億美元罰款，最後阿爾斯通公司被迫將世界領先的鍋爐業務出售給美國通用公司。這就是美國用起訴的手段迫害競爭對手的慣用手法，阿爾斯通案就是最經典的案例了。

但中國不是法國，法國政府讓步了，就是這樣的下場。中國拒不讓步，最後取得勝利。當然中國有實力、有意志，才可以堅持下去。

去年（2020年）12月已傳出孟晚舟律師和美國司法部談和解協議，當時傳聞美國要求孟晚舟認罪和賠償巨款，孟晚舟不接受而拉倒。

如今雙方達成的和解協議，差不多完全達到中國的要求：

一、孟晚舟不認罪，自然也不用賠款，不用服刑，甚至保釋金也不用交了，只是個人擔保。

這幾日傳出雙方達成和解協議時，就誤傳孟晚舟接受「認罪協議」，但事實上最後雙方只是簽了「暫緩起訴協定」。孟晚舟在紐約法庭上也清楚表示「不認罪」。

二、孟晚舟的讓步是「對案件的事實陳述不提出異議」，相關事實陳述中，描述了孟晚舟在華為與伊朗的業務往來上誤導了國際金融機構。但大家記住，「對案件的事實陳述不提出異議」不等如認罪，打官司除了事實之外，還有很多角度去打，所以兩者並不相等。

這是一個各說各話的情境，美方稱孟晚舟承認了欺詐的事實，中方可以說孟晚舟為不受無理的美國法庭起訴，就不去爭辯事實，只要不認罪便成了。

如果我是孟晚舟的律師，面對美國這種聲勢洶洶的對手，能爭

取到這種協議，95% 達成孟晚舟的要求，已經是喜出望外了。

美國為甚麼要接受這樣的協議，接近無條件釋放孟晚舟？

美國有求於中國：一、美國想中國在阿富汗問題上協助控制局面，不要讓阿富汗成為反美恐怖分子的基地。二、美國正面對滯脹的難局，因為疫情令供應鏈斷裂，肯德基因雞肉產品供應不足，出現「無雞可炸」，未來當然會出現經濟不前、物價飛升的難局。美國除了想中國保持貨品供應外，還想中國人民幣貶值，以減少美國的輸入性通脹。三、想中國在氣候問題上俾面配合。

美國要求中國的事情多着呢，而且通脹問題開始緊迫。中方自然不會和你客氣，之前向美國提出兩條清單26件事，就要你一一找數，孟晚舟只是其中一件。

美國作為超級強國，國力理應無遠弗屆，欲抓捕孟晚舟到美國下獄服刑，卻以失敗收場，已經成為兩國國力轉折的標誌性事件。

如果美國在阿富汗倉皇撤軍，為盟友帶來一個緊跟美國無好下場的教訓；孟晚舟事件就告訴世人，和美國對抗，狹路相逢勇者勝。

2021年9月28日

俄烏戰爭

拆解烏克蘭危機來龍去脈

近日烏克蘭局勢惡化，有報告稱俄羅斯正計劃對烏克蘭採取重大軍事行動，美國要撤離非必要的外交人員。消息令到歐洲股市周一（2022年1月24日）大跌，俄羅斯股市更重挫8%！原來，烏克蘭也有個蔡英文在搞事，他就是烏克蘭總統澤連斯基。

以美國為首的西方媒體總是說俄羅斯想入侵烏克蘭，是烏克蘭亂局的起源。其實，俄羅斯並非那麼主動，主要問題還是北大西洋公約組織（北約）向東擴張，影響俄羅斯的安全。

1990年鐵幕解體後，北約曾五次東擴，吸納了多個前「華沙公約組織」（一個由前蘇聯帶頭建立，與北約抗衡的軍事聯盟）國家成為北約成員，包括和俄羅斯接壤的波羅的海三國，一路向俄羅斯西面邊境靠近。若與俄羅斯貼鄰的烏克蘭也加入北約的話，等如北約可以在俄羅斯門口大量駐軍，甚至部署導彈，大大影響俄羅斯安全，情況就如1962年蘇聯要在美國後花園古巴部署導彈一樣。

美國2013年12月在烏克蘭煽動顏色革命，推翻親俄的烏克蘭總統亞努科維奇（Viktor Yanukovych）。俄羅斯報復，於2014年初在烏克蘭東南部的親俄地區挑起戰爭。其中，克里米亞在同

年3月經過公投後宣布獨立，隨後加入俄羅斯聯邦。而頓涅茨克州及盧甘斯克州當地的親俄民眾佔領了政府，進入半自治狀態。簡言之，就是美國做初一，煽動顏色革命，推翻親俄的烏克蘭總統；俄羅斯做十五，煽動親俄的克里米亞、頓涅茨克及盧甘斯克獨立，在烏克蘭東部重建一個親俄緩衝區。

2014年烏克蘭選出親美總統後，多年來一直尋求加入北約。2019年，喜劇演員澤連斯基高票勝出烏克蘭總統選舉。在2021年1月拜登上任美國總統後，澤連斯基開始呼籲北約盡快推進接納烏克蘭加入的進程，並向美方施壓，稱希望美國就烏克蘭能否被納入「北約成員國行動計劃」一事作出明確回答。

去年（2021年）6月14日，北約在比利時首都布魯塞爾的總部舉行領導人會議，在聯合公報中提及北約支持烏克蘭成為北約成員國，但沒有時間表，表示要取決於烏方是否達到北約所列標準，例如烏克蘭要解決其腐敗問題云云。很明顯，拜登是在採取拖字訣。

不過，烏克蘭要加入北約的行動，已觸動了俄羅斯神經。俄羅斯在烏克蘭邊境陳兵10萬，聲言北約一啟動程序納入烏克蘭，就會馬上出兵。美俄期間進行了多輪談判，都沒有結果。俄羅斯總統普京的要求是北約不納入烏克蘭。拜登為了美國的顏面，當然不會輕易屈從於俄羅斯。

這正是澤連斯基擺的計，他有點像台灣的蔡英文，不斷玩火，想「攞着數」，除了想推高自己的民望之外，還想為烏克蘭撈取實際利益。烏克蘭近期多次呼籲美國政府推動烏克蘭「入約」，白宮為安撫烏方，邀請澤連斯基訪美，並向烏克蘭提供1.5億美元安全援助，以協助烏方「維護領土完整」。烏克蘭愈鬧，美國的援助就愈多。

更重要的是，澤連斯基想阻斷「北溪二號」油氣管道項目。俄羅斯現時要經烏克蘭的天然氣管道輸天然氣到歐洲，每年要支付烏克蘭10億歐羅的過境費。後來俄羅斯和德國另建「北溪二號」管道，直通德國。這就遭到美國和烏克蘭的反對，美國是怕歐洲因此減少購買美國液化天然氣，烏克蘭擔心「北溪二號」直接運天然氣到達德國，那一年10億歐羅過境費就沒有了。「北溪二號」管道本來在去年（2021年）冬季可以通氣，但在美國的阻擾和澤連斯基搞局下，「北溪二號」就通不了氣。

澤連斯基玩火，一過火烏克蘭可能亡國。而普京也別無選擇，北約要東擴就只能出兵。至於美國，當然想借機叫停「北溪二號」，但也不想搞到要抽調軍隊去烏克蘭。而中國可以繼續看戲，烏克蘭局勢緊張，美國沒有餘力搞中國，也不是壞事吧。

2022年1月27日

拆局烏克蘭

北京冬奧一完，烏克蘭即生變局。俄羅斯總統普京宣布承認烏東地區「頓涅茨克」和「盧甘斯克」是兩個獨立國家，派兵入兩地「維和」。有人問我發生何事，我用四句話去總結：「澤連斯基玩大了，普京破格出招，拜登手上無牌，中國坐山觀虎鬥。」

烏克蘭由一個前蘇聯富有的加盟共和國，特別是一個軍工重鎮，變到今天民窮財盡，國土分裂。這個敗局，是以美國為首的西方國家，一手搞出來的，受苦的卻是烏克蘭人。

最好笑的插曲是烏克蘭出事，美國又想到要找中國幫忙游說俄羅斯。美國國務卿布林肯要求和國務委員兼外長王毅通電話，通話時布林肯「首先祝賀北京冬奧會取得成功，中國運動員獲得佳績」。美國當日發動所謂「外交抵制」北京冬奧，如今又低聲下氣來祝賀京奧成功？美國的面皮倒真夠厚，中國聽到布林肯的祝賀，肯定會笑不攏嘴。

回頭說說烏克蘭這個殘局的來龍去脈。

一、遠因：鐵幕倒台後，烏克蘭在1991年12月正式宣布脫離蘇聯獨立。這個和俄羅斯西部接壤的新國家，自然是美俄爭奪的

戰場，她的總統也是親俄、親美分子車輪似地轉換。2010年親俄的亞努科維奇當選烏克蘭總統，美國要除之而後快。到2013年年底，烏克蘭爆出大規模的抗議示威，在西方背後支持下，烏克蘭首都基輔的邁丹廣場上演一幕顏色革命，除了無休止的示威，有教士在警察前下跪，美女在鏡頭前哭訴，還有神秘的狙擊手放冷槍（香港的槍手被警察截獲沒有成功），示威最後迫令亞努科維奇在2014年2月下台。

親美政權上台，令烏克蘭東南部多個親俄地區大起恐懼，包括東部的盧甘斯克和頓涅茨克，和東南部的克里米亞，親俄勢力爭取獨立脫烏的示威頻生。普京借機出手，派兵入克里米亞支持當地獨立。盧甘斯克和頓涅茨克親俄民兵又和烏克蘭政府軍混戰，兩地各自宣布獨立。雙方由2014年2月一直戰鬥至同年9月，最後在法國、德國等國斡旋下，交戰各方簽訂《明斯克協議》（*The Minsk Agreement*），暫時停火。盧甘斯克和頓涅茨克陷入一個半獨立、半自治的狀態。

二、近因：普京的報復毒招，還包括在西方政治攪局。2016年在英國脫歐公投和美國右翼民粹派特朗普參選兩場英美重要投票中，一間叫劍橋分析的數據公司扮演重要角色，它利用大數據和社交媒體宣傳，左右搖擺選民，令英國脫歐，令特朗普當選。事後揭發，劍橋分析和俄羅斯有說不清的關係。特朗普上台後，十分親俄，把注意力全放在攻擊中國之上，放過俄羅斯。

普京與德國則就「北溪二號」管道合作，興建繞過烏克蘭的輸氣管道。

好了，到拜登上台，他當然知道特朗普和普京暗通款曲，所以他就向普京硬起來，但也不想放棄針對中國以免受選民批評，就擺出一個對中俄兩面開刀的架勢。

投機分子、烏克蘭總統澤連斯基看到機會，知道美俄交惡，他就一力攪局，大力要求加入北約，這既可以增加國內民眾的支持，又可以搞壞歐盟和俄羅斯關係，令「北溪二號」開通不了，烏克蘭便可以一直收取俄羅斯每年10億美元的燃氣管道過路費。但這一切都想得太美了。

三、誤判：外交出事，通常因為誤判，今次是誤判了普京。過去北約已經多次東擴，主要是美國認定俄羅斯無力反制。今次一下子擴展至烏克蘭，美國也以為普京只是吵吵便算。

但普京已被逼到牆角，不但面子放不下去，若北約駐軍烏克蘭也真會影響俄羅斯安全。當大家以為普京只是說說時，他跳出框框出兵了。他倒過來睇死美國：一、你不會派兵去烏克蘭打仗；二、你全面制裁我，油價升到上天，你的通脹怎麼辦，想重演1972年石油危機？

結論是無論烏克蘭鬧到怎樣，中國只是坐山觀虎鬥，可以做做和事老，也不能直接插手。這個局美妙之處是，美國怎負擔得起，對中、俄兩國同時開刀呢？

2022年2月23日

烏克蘭應該「芬蘭化」

俄烏戰爭膠着，俄羅斯沒有如想像中可以用閃電戰的方式快速攻克烏克蘭首都基輔，更未有「斬首」烏克蘭總統澤連斯基。如今俄軍大量增兵基輔，企圖以大軍壓境的方式進攻。

與此同時，俄羅斯與烏克蘭的首輪和談結束，情況比想像中的好。俄羅斯總統普京其後與歐盟輪任主席、法國總統馬克龍通電話的時候，提出了俄烏停戰的兩個條件：第一是承認俄羅斯對克里米亞擁有主權；第二是烏克蘭非軍事化和保持中立。要注意的是，普京提出的條件並無包括保證烏東兩個地區頓涅茨克和盧甘斯克獨立，只是停在開戰前的狀況，普京開出的價碼並不高。要求烏克蘭去納粹化、去軍事化和保持中立地位，並非很過分的要求。

澤連斯基現在看來自信心滿滿，不一定能把握好這個達致和平的機會。

在這個俄烏衝突的關鍵時刻，大家不妨讀讀芬蘭歷史。《槍炮、病菌與鋼鐵：人類社會的命運》（*Guns, Germs, and Steel: The Fates of Human Societies*）一書的作者、美國生物地理學家戴蒙德（Jared Diamond）寫了另一部作品《動盪：國家如何化解危局、

成功轉型？》（*Upheaval: Turning Points of Nations in Crisis*），
書中講述了七個國家在面對劇變時，所採取的不同策略，作者
梳理出一套應對危機的思考框架。

芬蘭本來是瑞典的一部分，其後被俄羅斯兼併，成為屬下的芬
蘭大公國。1918年，俄國爆發十月革命，芬蘭趁機獨立。但蘇
聯一直懼怕與其接壤的芬蘭會與德國結盟，成為德國入侵蘇聯
的跳板。於是在1939年借故發動戰爭，入侵芬蘭。芬蘭是一個
只有500萬人口的小國，面對着蘇聯這樣一個超級大國，只能以
靈活的戰法，負隅頑抗。而蘇聯剛經歷了1937年列寧發動的政
治整肅，有經驗的將領都被處死或關押，只剩下經驗不足的將
領進攻芬蘭，導致蘇軍在戰爭初期損失慘重，而芬蘭亦展示出
超過蘇聯預計的抵抗能力。情況和今天俄烏戰爭初段的情況，
有點相似。

其後蘇聯撤換指揮將領，改變作戰方式，再加大軍壓境，突破了
芬蘭軍隊的主要防線。芬蘭最終求和，雙方於1940年3月簽訂
《莫斯科和平協定》（*Moscow Peace Treaty*），芬蘭割讓了11%
的領土和30%的國家資產予蘇聯，結束了戰爭。

隔岸觀火的美國《紐約時報》，當時揶揄芬蘭是一種在可悲的狀
態下，一個弱小國家屈服於強大的鄰國，對自己的主權和自由，
做出了可恥和讓人尷尬的讓步。但芬蘭人自己知道，這是「各種

壞選擇之中，最不壞的一個」。

戴蒙德在書中寫道，沒有人喜歡危機，而人們在面對危機的時候，通常有三種反應：第一種是鴕鳥姿態，拒不承認危機；第二種是部分地承認危機；第三種是低估危機的嚴重性。

他高度評價芬蘭的回應方式，在蘇芬戰爭中，芬蘭力戰而敗，向蘇聯割地賠款求和，其特點是：一、依靠強烈的國家認同，在歐洲顯得非常獨特的芬蘭語；二、誠實的自我評估，知道國力遠比不上鄰國蘇聯；三、選擇性的變革，在西方和蘇聯兩大陣營之間，保持一定程度的中立，即芬蘭化；四、躲過了像波羅的海三國立陶宛、拉脫維亞和愛沙尼亞被蘇聯吞併的命運。

從戴蒙德解讀芬蘭的危機，可以輻射出烏克蘭正面對的處境。她同樣有強烈的國家認同感，但卻沒有誠實的自我評估，不承認自己的國力遠不及俄羅斯，亦未知該國是否能夠在這個關鍵時刻，作出選擇性的變革，走上中立化道路。以普京開出的條件，的確是放了一條中立化的生路給烏克蘭。若烏克蘭要同俄羅斯戰鬥到底的話，恐怕最後只是一場顛覆性的失敗。

希望烏克蘭可以做出正確的選擇，脫離戰禍，得到和平。

2022年3月2日

俄烏戰爭的四種結局

俄烏戰事表面上沒有大進展，首都基輔還在膠着。但戰事一直在推進，南部赫爾松市陷落後，另一關鍵城市馬里烏波爾遭到俄軍更猛烈攻擊，若再失陷，將打通俄方在南部和東部兩條戰線。烏克蘭南部所有黑海港口都將被俄軍封鎖，與外部聯繫的海上通道將被徹底切斷。

俄烏雙方第二輪談判經歷了一波三折後召開，談判沒有重大突破，只就開闢「人道走廊」疏散平民一事達成共識，雙方在走廊周邊實施部分停火。

法國總統馬克龍（2022年）3月3日與俄羅斯總統普京通話後表示，擔心烏克蘭還會有更壞的情況發生。他透露，普京在通話中表示，俄軍在烏克蘭的進攻，正按照原定的時間表進行，聲言俄軍最終將奪取整個烏克蘭。普京還表示，永遠不會放棄俄烏兩國人民是一家人的信念。

如今推測，俄烏之戰有四種可能結局：

一、烏克蘭模式。普京讓步令和談成功，無論在烏克蘭中立化或克里米亞獨立也得不到保證，俄羅斯無功而還，打回戰前原

樣。這個結局對烏克蘭最有利，對俄羅斯最不利，普京接受的機會極低。

二、芬蘭模式。1939年蘇軍入侵芬蘭，芬蘭一度局部戰勝蘇軍，最後蘇軍改變戰略慘勝，芬蘭最後還是屈服簽訂和約。芬蘭中立化，不許加盟外國政軍條約組織，不許任何外國駐軍，甚至不容許朝野從事反蘇活動。蘇聯撤軍，亦不扶植傀儡政府。現在普京開出的條件，和芬蘭模式類似，但烏克蘭總統澤連斯基似乎並不接受「中立化」的地位，甚至暗示這些是「投降要求」，而當年芬蘭簽署蘇芬和約亦被指投降。此模式對俄羅斯溫和有利，對烏克蘭溫和不利，但看來阻力在烏克蘭一方，她不想認輸。

三、車臣模式。車臣是俄羅斯聯邦的小加盟共和國之一，人口90萬左右，當中車臣人佔66%，俄羅斯人佔28%。1991年蘇聯解體，美國並不滿足。美國鼓勵車臣從俄羅斯分裂出去，美國表面上是扮演一個國際仲裁者的角色，車臣因此發生了兩場戰爭。

普京在2003年任命卡德羅夫（Akhmad Kadyrov）為車臣總統，即車臣現任總統小卡德羅夫（Ramzan Kadyrov）的爸爸，卡德羅夫上任一年後，在迪納摩體育場遭到恐襲身亡。普京再在2007年任命31歲的小卡德羅夫為車臣總統。小卡德羅夫是一個狠人，誓死效忠普京，車臣的局面終於穩定下來。

全面攻佔烏克蘭，委任有能力統攝全局的親俄領袖，這是俄羅斯最好的結局，但過程中也要付出很多流血的代價。

四、阿富汗模式。阿富汗素有帝國墳場之名。1979年，蘇聯入侵阿富汗，蘇軍先以200人特種部隊襲擊阿富汗總統府，以輕武器擊殺阿富汗總統阿明（Hafizullah Amin），由蘇聯扶持的卡爾邁勒（Babrak Karmal）接管國家權力，建立親蘇阿富汗政權。但阿富汗是個部落國家，山區林立，各部落派別成立游擊隊抗蘇，美歐開始大規模援助阿富汗游擊隊。蘇聯只能佔據阿富汗主要城市，廣大偏僻地區，被游擊隊佔據，蘇聯就此陷入「人民戰爭」的汪洋大海中。10年之後，蘇聯的血流乾後撤軍，阿富汗戰爭虛耗國力，促成蘇聯倒台。

烏克蘭沒有阿富汗的山區和部落，但若陷入長久戰爭，俄羅斯付出的代價高昂。

結論是烏克蘭若足夠聰明，就快速和談走上芬蘭中立化之路，否則戰敗的機會不低。和談成功對俄羅斯不是壞事，若然仗打下去，雖然很有機會打贏，但即使出現車臣之局，俄羅斯都會元氣大傷。

2022年3月5日

中國拿「安全不可分割原則」將美國一軍

（2022年）3月14日，中央外事工作委員會辦公室主任楊潔篪在羅馬，和美國國家安全事務助理沙利文會晤，「楊沙會」原本是在中美兩國元首去年（2021年）11月視頻會晤之後，定在今年1月中舉行。但在北京冬奧舉行前夕，美國講一套做一套，口說和好，實際上抵制北京冬奧，中國便拒絕召開「楊沙會」。

俄烏爆發戰事，國際局勢急劇變化，美方想中國幫忙，充當俄烏戰爭的調停人。美國有求於中國，高層次的外交會晤，便變得有意思了，因為有互相妥協（give and take）的可能，烏克蘭戰爭製造出中美協調的契機。「楊沙會」會後，新華社出了稿，美國有匿名高官放料，從中可以總結出一點結果：

一、會議開了7個小時，相當長，美方形容雙方「激烈對話」。估計雙方關心的話題都有詳細討論，但看來沒有達成甚麼重大共識。唯一正面訊息是雙方仍然可以談論7小時，不至於提早離場。

二、在烏克蘭問題仍然是各自表述，美方消息人士表示，沙利文對中國「倒向俄羅斯」表達了「深刻的擔憂」，亦向中方表明若協助俄羅斯作戰有何後果。中方自然站穩立場，強硬反駁。

楊潔篪強調，中方堅決反對任何散布不實資訊、歪曲抹黑中方立場的言行。

三、楊潔篪在會上指中方對近期美在涉台問題上一系列錯誤言行，表示嚴重關切和堅決反對。美方重申「一個中國」政策。

大家可能會對楊潔篪提到的「安全不可分割原則」（Indivisible Security Principle）感到陌生。其實，這個概念在西方和俄羅斯簽署的安全條約當中，曾多次出現。最早見於1975年歐洲安全合作會議（Conference on Security Cooperation in Europe, 簡稱 CSCE）達成的《赫爾辛基協議》（*Helsinki Accords*）。

「安全不可分割原則」是指各國不應該以犧牲別國安全的方式，去提高自身的安全。美國末任駐蘇聯大使馬特洛克（Jack Matlock）指美國總統老布殊於1989年12月在馬耳他會晤戈爾巴喬夫（Mikhail Gorbachev）期間，向他保證，如果蘇聯允許東歐國家通過民主進程選擇未來的方向，美國不會混水摸魚、從中取利。第二年，雖然沒有得到書面保障，但美國老布殊政府也曾承諾戈爾巴喬夫，若統一後的德國留在北約，北約就不會繼續東擴，哪怕是「一英寸」。現在西方不承認北約曾承諾不會東擴，但馬特洛克作為前美國外交官，他的證詞相當可信。

北約東擴，將東歐國家和前蘇聯的加盟共和國，納入北約這個防

衛同盟協議，這會侵犯到俄國的國家安全。當然，西方一方面否認曾經承諾過北約不會東擴，她們亦爭拗簽訂軍事同盟協議，並不是公開的侵略行為，所以沒有違反「安全不可分割原則」。問題是1962年古巴導彈危機時，蘇聯只是在古巴部署軍事導彈基地，沒有入侵美國，為何美國覺得蘇聯直接威脅到她的安全？

中國提出這個早已經見諸於歐洲和俄羅斯的協議中的「安全不可分割原則」，既有「各打五十大板」之意，也反將美國一軍。中國既不支持俄羅斯向烏克蘭開戰，也不支持北約東擴。要俄烏達停火協議，俄羅斯退兵，就必需要先保障俄羅斯的安全，北約要承諾不會接納烏克蘭和格魯吉亞加入北約，不威脅俄羅斯的安全，才是解決問題的正道。

中國對俄烏問題的立場很清楚，中國不是歐洲的主要的參與者，在很多的問題上，沒有直接的利益。但中國是一個負責任的大國，可以發揮自己的外交影響力，與俄羅斯、歐盟及美國對話，拉近雙方的分歧。但是，若西方堅持自己的安全觀，實際上卻威脅到俄羅斯的安全的話，想俄烏結束戰火，只會是緣木求魚而已。

2022年3月16日

甚麼戰爭成本最低？

有人問：甚麼戰爭成本最低？我想是：代理人戰爭，因為死的不是自己人嘛。

分析俄烏戰爭，不能忽略代理人戰爭的角度。

俄烏戰爭進行了個多月，雙方第五輪談判（2022 年 3 月 29 日）終於取得顯著突破，但和平會很快到來嗎？

在這次談判中，最大突破是烏克蘭提出中立化的具體內容，而俄羅斯則提出縮減軍事行動來表達善意。

俄烏這次會談有五點重要內容包括：

第一，烏克蘭成為中立國。烏克蘭建議在國際法律保障之下，成為永久中立國，永久不結盟，兼且是一個無核武的國家。烏克蘭不會與外國設立任何軍事聯盟組織，不會在境內建立外國的軍事基地，聲稱有了安全保障，就不會成為軍事聯盟的一員。烏克蘭提出「安全保障國」概念，要一系列國家作為她的「安全保障國」，確保當烏克蘭受到攻擊的時候，會得到其他國家的援助。俄方對烏克蘭這些提議反應正面。

第二，烏克蘭希望參加歐盟。俄羅斯不反對烏克蘭加入歐盟。

第三，有關領土問題。雙方在領土問題上，並無顯著的共識。烏克蘭談判代表只提到可以就俄羅斯「吞併」克里米亞的問題上，進行實為期15年的磋商，但未有談到頓涅茨克和盧甘斯克的歸屬問題。烏克蘭似乎想拖，認為15年後可能普京也下了台，事情會有轉機。但俄羅斯並無表態讓步。

第四，俄國軍事行動。俄羅斯表示正採取兩個步驟去緩和俄烏雙方的軍事衝突，表示會減少在烏克蘭首都基輔附近的北部城市徹爾尼哥夫方面的軍事行動。烏克蘭希望全面停戰。

第五，俄烏兩國領導人會晤。烏克蘭總統辦公室顧問波多利亞克（Mykhailo Podolyak）說，希望雙方在兩周內達成協議，令到兩國領導人能夠會面。

平情而論，這次俄烏和談已是最有成果的會談，特別烏克蘭在中立化問題上有具體而重要的讓步，俄羅斯表示收貨。但不要以為雙方很快會達成協議，或達成協議後會很容易執行得到，對和平的前景，只能審慎樂觀，因為幾大勢力利益分殊。

一、美國對俄烏會談達成這些重要共識，沒有表示很積極的態度。從美國的角度而言，烏克蘭是一場代理人戰爭，美國出點錢

出點武器，讓你打下去耗下去，死的只是烏克蘭人和俄羅斯人。若達成協議，意味着普京逼烏克蘭中立化和奪取烏克蘭領土取得相當成功，俄羅斯之得就是美國之失。還有的是弄出「安全保障國」去保障烏克蘭的安全，那麼北約的重要性豈不是下降了？

二、俄羅斯轉向打持久戰的策略成功，但未拿到勝果。俄羅斯在與美歐的經濟戰上，要求歐洲購買俄國天然氣，要用俄國貨幣盧布支付，反將了歐洲一軍。在軍事上，俄羅斯宣布第二階段將戰線縮到會烏克蘭東部的頓巴斯地區，等於將進攻轉變防守，預備打持久戰。這個策略比較聰明，迫到烏克蘭開始讓步。

三、烏克蘭不想打，但亦身不由己。長打下去烏克蘭成為焦土最傷，但總統澤連斯基還很搖擺，和談前說領土問題可以談，和談後又說烏主權和領土完整必須得到保障。烏克蘭還說和議要經過全民公決。澤連斯基和普京對抗時被美國捧成戰爭英雄，若違反美國意願去簽和議隨時被說成叛國賊，所以想靠全民公決自保，但這又為和約添上重大變數。

大國博弈，小國只如螻蟻。之前美國和西方國家一直迫中國叫俄羅斯停戰，如今俄烏開始想停戰了，她們有拍掌歡呼嗎？她們想要戰爭還是和平？

2022年3月31日

俄羅斯正與世界脫鈎

烏克蘭打仗，西方離岸助拳，最大的武器是制裁。

俄羅斯應對西方圍攻的方式，就是和西方脫鈎，當主要的關鍵環節脫鈎後，西方想搞她也不容易了。

一、網絡脫鈎。近日西方黑客頻繁對俄羅斯發動網絡攻擊，以阻止它們正常運行。未來幾天，俄羅斯可能與全球互聯網斷開。俄羅斯政府準備啟動自己的「大型局域網」Runet。Runet 是俄羅斯出於國家網絡防禦目的而構建的一個脫離全球互聯網的內部區域網。俄羅斯是早有準備，建立她的「主權互聯網」。

二、金融脫鈎。講起準備，其實普京對俄羅斯和美國金融脫鈎，亦有部署，過去幾年在特朗普和他暗通款曲的時代，俄羅斯央行沽清手上持有的所有美債。當中美貿易戰美國有人鼓吹對中國賴債時，普京已搶先部署。

但西方宣布制裁俄羅斯後，俄羅斯央行有6,300億美元外匯儲備資產，其中3,000億美元被美國及其盟友凍結。普京簽署了關於保障金融穩定補充臨時措施的總統令，旨在維護俄羅斯金融穩定。自（2022年）3月2日起，俄居民向「不友好國家」人員提

供盧布貸款或與之開展證券和不動產交易時，要獲得俄政府外國投資監管委員會許可。

俄國央行並宣布資本管制措施，資金未得政府批准不能外流；並在2月28日把重要借貸利率從9.5厘提高逾一倍至20厘，希望讓重度貶值的盧布穩定下來。俄央行總裁烏琳娜（Elvira Nabiullina）坦言，在西方國家制裁影響下，俄國已經無法靠出售外匯存款以支撐盧布。

俄國實施外匯管制，外資投資在當地的資金亦難調走，亦等如將俄國金融體系和外國局部切割。

三、貿易脫鈎。西方預計俄羅斯受西方制裁手段的影響下，2023年將至少損失掉 GDP 的3.5%-5%。但考慮到歐洲對俄的巨大能源依賴，是否有這麼大影響尚待觀察。

以2020年數字計，俄羅斯五大出口類別中，能源類商品出口佔比高達49.6%；金屬及金屬製品佔比10.4%；食品和農產品佔比8.8%；機械和設備佔比7.4%；化工產品佔比7.1%。俄羅斯是一個能源、金屬出口國，她是僅次於沙特的全球第二大原油出口國，外國斬不斷對這些產品的硬需求。

可以看看伊朗被美國制裁的例子。中國科學技術大學科技與戰

略風雲學會研究員陳經表示，2012年美國也曾將四家伊朗銀行從SWIFT（環球銀行金融電信協會）協議中剔除，中間曾停禁。從伊朗的GDP來看，2012年後被美國動用SWIFT制裁影響極大。按民間匯率2020年以美元計GDP只有2,034億美元，相當於被剔除前的5,988億美元的三分之一。

然而，伊朗慢慢找到了新的「活法」，與中國進行雙邊貿易，「除非直接動武，美國基本上束手無策了」：2020年中國與伊朗貿易額僅149億美元，詭異地跌到了15年來的新低。2021年前10月再降6.5%，看似一片慘淡。但為中伊貿易提供結算服務的中國「崑崙銀行」，早在2012年就被美國制裁，但由於崑崙銀行在美國沒有業務，根本不怕制裁，也和SWIFT沒有關係。其業務就相當於是「易貨貿易」，只要兩邊配合，就完全閉環進行，美國根本插不上手，所以這麼多年都沒有事，成為外貿圈「神一般的存在」。俄羅斯看來別無選擇，只能和伊朗一樣，積極和中國發展經貿關係，很多東西就不在GDP反映出來了。反正俄羅斯有能源金屬農產品，中國有消費品工業品，以物易物，俄羅斯可以生存。

可以估計，過去20年的全球化慢慢走到終結，會慢慢演化出兩個世界。

2022年3月3日

普京妙招破解美國制裁

俄烏開打了個多月，雙方在戰場上膠着。而美歐和俄羅斯在金融戰場上，打得更加激烈。

美歐禁止俄羅斯的主要銀行使用 SWIFT 系統，這個號稱「金融核彈」，卻炸不死俄羅斯。

美歐是否擊垮俄羅斯的金融和經濟，最重要的指標，就是俄羅斯貨幣盧布匯價。在俄烏戰爭爆發，美歐開始制裁俄羅斯的時候，美元兌盧布大升，盧布大跌，由開戰前1美元兌近80盧布，一度大插至150盧布，但盧布匯率隨後經歷神奇的「V」形走勢，如今大幅反彈至1兌83，匯率已重回日（2022年）2月24日戰前的水平，讓很多市場分析師大跌眼鏡。

普京使出多項措施不讓盧布大跌：一、俄羅斯央行頒布了一系列臨時資本管制措施，宣布將限制居民從外幣銀行帳戶中，提取美元的額度，並限制外國客戶提取特定外幣。

二、俄羅斯央行大幅加息10.5厘，由原來的9.5厘，加到20厘。

三、最厲害反制措施，是要求「不友好國家」購買俄羅斯天然氣，

要用盧布支付。由於歐洲國家對俄羅斯天然氣的依賴極高，此招逼歐洲國家要在市場上買盧布去找數，等於要買家托着盧布的匯價。俄羅斯公布了這個措施，盧布匯價馬上彈升。此招比外匯管制和大幅加息更有效，現在俄羅斯更開始放寬部分外匯管制措施了。

表面上，美歐國家反對購買俄羅斯要支付盧布的態度十分強硬，七大工業國（G7）於（2022年）3月28日開會，一致否決使用盧布購買俄羅斯的天然氣。不過，話口未完，德國總理舒爾茨（Martin Schulz）在30日就和普京開會，研究有沒有妥協方案。

在俄德元首會談時，普京表示，會指定未被美歐禁止使用SWIFT、仍可以用收取美元或歐羅的俄羅斯天然氣工業銀行，作為收支銀行。歐洲要買俄羅斯的天然氣，可以向該銀行存入美元或歐元，由該銀行兌換成盧布，這樣就可以達到俄羅斯的要求。德國總理舒爾茨在會議中表示不同意這個安排，但表示為了「更好地理解這個程序」，同意進一步研究。

普京這一妙招，可謂一石幾鳥。第一，歐洲國家仍然可以聲稱她們買俄羅斯的天然氣，是以歐羅或美元支付，因為他們只是向俄羅斯天然氣工業銀行存入外幣。

第二，俄羅斯說只收取盧布，而俄羅斯天然氣工業銀行會把收

到的美元或歐元兌換成盧布，同樣會有托起盧布匯價的作用。

第三，由於俄羅斯天然氣工業銀行成為了歐盟購買俄羅斯天然氣的指定銀行，美歐就不可以制裁她，不可以禁止它使用 SWIFT 系統。這就為俄羅斯銀行界打開了一道活門。其他的俄羅斯銀行要進行國際收支，都可以透過俄羅斯天然氣工業銀行進行。

第四，賦予了俄羅斯更大的彈性，俄羅斯天然氣工業銀行收到的歐元或美元，也不用全部都兌換成盧布，可以換一部分保留一部分外匯。至於俄羅斯天然氣工業銀行實際上兌換了多少盧布，留了幾多外匯，就變成了一個黑盒，外界無從知曉了。

第五，支撐了盧布匯價，等於支撐了俄羅斯的印鈔能力，也支撐着俄羅斯的經濟，可以在美歐的制裁中生存下去。

到此可以有一個簡單結論，俄羅斯提出這樣的執行方案，如果歐盟堅持不接受的話，俄羅斯就會斷供天然氣；若歐洲國家接受的話，等於創造了一個機制，讓俄羅斯繞過 SWIFT 的制裁，同時托起盧布的匯價。這讓歐洲國家處於兩難，因為接受這個機制的代價很小，但反枱的代價很大。現時要看歐洲國如何取捨了。

2022 年 4 月 2 日

G7名為制裁俄油　實為跪低

在德國阿爾卑斯山地區的阿爾茂宮，成為近日七大工業國（G7）領導人峰會的場地。七國又在打小算盤，要制裁俄羅斯出口黃金，又要限制俄國出口石油的價格。

表面看，七大派齊集光明頂，要麼不出招，一出招就應該把魔教教主普京當場擊殺。但左看右看，也看不出七大派這兩招有很大殺傷力。

首先，G7國家將禁止從俄羅斯進口黃金。俄羅斯是第二大的黃金生產國，僅次於中國大陸，佔全球黃金9.5%產量。美國政府高官稱，黃金是莫斯科僅次於能源的第二大出口產品。2021年，俄羅斯黃金出口額超過150億美元，其中有28%出口至倫敦。

美國總統拜登（2022年6月）26日在Twitter發文稱，G7將宣布禁止進口俄羅斯黃金，這是一項為俄羅斯帶來數以百億計美元收入的主要出口產品。美國要普京付出前所未有的成本，令他無錢在烏克蘭打仗。

歐洲理事會主席米歇爾（Charles Michel）怕美西方又把石頭砸在自己的腳上，他說：「關於黃金禁運，我們將更深入地研究細

節，看看有沒有可能以針對俄羅斯經濟的方式，而不是以針對我們自己的方式來實施黃金禁運。」

「禁金令」效用的確存疑：

一、黃金無記認，俄羅斯即使不能直接把黃金出口，繞個圈賣出去有誰會知道，正如禁運俄國石油便宜了印度那樣，只讓中間人賺差價。

二、市場無反應。G7將禁止俄羅斯黃金的消息，並未引起金價的波動，顯示投資者認為「無料到」。

至於「石油限價令」，思路則有點清奇。

G7領導人正在討論美國的提議，設定俄國石油價格上限，以限制俄羅斯能源收入。

美國及大多數歐盟國家已制定針對俄羅斯原油的入口禁令，在本身不購買俄油的情況下，如何影響俄油的售價？其中一個方案是從「保險」入手。全球約95%的油輪船隊由倫敦的國際船東保賠協會集團（IGPIC）和一些歐洲保險公司承保。西方政府可以嘗試告訴俄原油買家，如果他們想繼續購買保險，則必須同意在一定的價格區間內購買俄原油，借此設置價格上限。

美國官員更想像，中國、印度等國家現在不肯制裁俄油，要誘使她們合作，就要控制俄油價格，她們當然願意用低價買俄油。不過西方媒體對美國提出的「石油限價令」大潑冷水。彭博社分析員指「該方案實際可行性極低」。

這一招實在漏洞百出，舉其要者：

一、俄國提供替代保險。若英國和歐盟的保險公司只能以規定價格為運輸俄油的保險，俄羅斯國家再保險公司可以提供替代保險，你不保我來保，或在你擔保的價格之上，提供額外油價的額外保險。

二、陰陽合同。好像明星避稅，有兩份合同。將來買俄油都可以有陰陽合同，其中一份專門提供給保險公司。

有美國媒體指出，七大國領袖去到阿爾卑斯山風光明媚地區開會，瞎扯一些漫無邊際的建議，可以暫忘本國煩惱，出出國際風頭。

但我覺得，「石油限價令」若最後成事，美國幕後有盤算。其實拜登明知你買俄油會搞陰陽合同，但「放水」俾你搞，實際上是找個理由，變相撤銷對俄油的國際制裁令。過去保險公司怕被美國制裁，不太敢承保俄油運輸，油公司運俄油風險大增。實

施限價令的話，變相允許中國和印度公司名正言順購買大幅折扣的俄油，把黑市變白。這樣可以紓緩油價上升壓力，減少美國通脹。G7搞的「石油限價令」，說不好變成名為制裁、實為跪低的一招，旨在放生俄羅斯石油。

2022年6月28日

美歐制裁石砸人民腳

俄烏戰爭爆發，美國聲勢浩大地對俄羅斯的金融和能源實施制裁。俄烏戰爭至今已超過100天。美國宣稱制裁俄羅斯可以停止戰爭，美國總統拜登更曾聲言，制裁會令到「盧布變成瓦礫」。而事實是，現時只有歐洲各國使用能源的人民，變成了「瓦礫」。

最近，彭博社就有一篇文章，總結了美國對俄羅斯的制裁，指制裁事與願違，俄羅斯的金庫彈藥充沛。

第一，能源。美國原本希望透過制裁，令全球各國全面停止購買俄羅斯能源，令其收入歸零，無錢打仗。但彭博估計，俄羅斯今年（2022年）的石油和天然氣收入約2,850億美元，將會比去年2021年）上升兩成，其他大宗商品的收入，也因商品價格急升而上升。俄羅斯雖然被西方凍結了3,000億美元的外匯儲備，不過，由於出口石油和商品的收入增加，可大幅彌補被凍結的外匯。

歐盟本周同意了對俄羅斯石油的第六輪制裁，但只實施從海路運輸的俄羅斯石油，而透過陸路管道運輸的，就不在制裁之列，以免整個制裁被堅持要購買俄羅斯石油的匈牙利否決（匈牙利經管道輸入俄國石油）。歐盟做出種種妥協，已經顯示制裁本身有極

大限制。華盛頓彼得森研究所高級研究員史葛（Jeffrey Schott）指出：「你發起制裁，本來是想讓打擊目標的痛苦最大化，同時又要讓國內選民的痛苦最小化，但不幸的是，說易行難。」

美國如今進退兩難。美國本土亦因油價和食品價格上升，5月份出現8.3%的超級通脹率，但制裁對俄羅斯能源出口沒多大效果。

美國官員現正討論如何加大俄羅斯的財務壓力，例如實施所謂的「二級制裁」，即不但制裁俄羅斯石油出口，亦對購買俄羅斯能源的國家或者公司實施制裁。

不過，實施二級制裁的阻力極大，因為這樣做會直接破壞美國與其他國家的關係，例如印度。印度明目張膽地購買俄羅斯石油，甚至把買回來的俄國石油提煉加工，轉售予歐洲國家圖利。而美國也只能夠「隻眼開隻眼閉」，試問美國又如何能夠發起二級制裁呢？所以，美國對俄羅斯的能源制裁，能夠收到的效果相當有限。俄國或減少了能源出口，但因為價格大升，反而賺多了錢。

第二，資金。當日美國發起對俄羅斯的金融制裁，禁止部分俄羅斯銀行使用 SWIFT 的系統，目的就是想擊潰盧布。但是，俄羅斯透過要求「不友好國家」，購買俄國天然氣要用盧布支付，一下子就穩住盧布匯價。另外，由於俄羅斯的能源、商品出口

收入劇增，令俄羅斯的外匯收入大幅增長。據國際能源署的數據顯示，俄羅斯僅是石油出口，今年初較去年同期收入增長了50%。據總部位於莫斯科的 SberCIB Investment Research 估計，俄羅斯幾大石油生產商第一季度的合約利潤，創下近10年以來最高水平。而俄羅斯的小麥和商品出口商，亦因為價格上升，收入也大幅增長。

出口商賺錢，俄羅斯的貿易盈餘大增。今年（2022年）頭四個月，俄羅斯經常帳盈餘同比大增兩倍多，達到960億美元，是1994年以來的最高水平。儘管俄羅斯面對國際的制裁，但出口收入仍然上升，另一方面亦因制裁，而減少了進口外國商品，一加一減令到貿易盈餘大增。盧布兌美元匯價大升，是今年全球表現最好的貨幣。

俄羅斯發生的事情，令拜登說要令到盧布成為瓦礫的豪言，變成了笑話。

看完彭博的報道，結論是以美國為首的西方國家，對俄羅斯發起的制裁，不能夠擊潰盧布、不能夠降低俄羅斯的收入，卻令能源和商品價格大升，反而令俄羅斯增加了收益。美歐制裁之石，砸在人民腳上。

德國國際和安全事務研究所高級研究員歌嘉（Janis Kluge）說：

「如果制裁的目標是制止俄羅斯軍隊，那是不現實的，俄羅斯仍然可以為戰爭提供資金，仍然有能力補償制裁對其民眾造成的傷害。」

但西方充斥着民粹政治，只能繼續搞那些「政治正確」制裁，結果要全世界人民來「埋單」。

2022年6月4日

烏克蘭三軍工明珠墜落

「六四」快到，又有人鼓吹悼念，我認為更應該是反思。

1989年中國發生的事變，是由東歐所謂「蘇東波」事件觸發，最後東歐鐵幕解體，蘇聯變色。當年大批從蘇聯分裂出來的加盟共和國，以至東歐的衛星國，一夜變天，除了政治上瞬間實踐西方民主制度之外，經濟上亦實行「震盪療法」，立馬變成西方式市場經濟。

33年過去，有哪一個蘇聯加盟共和國或東歐國家，變成強國？倒是中國堅持走自己的道路，如今已成為世界第二大經濟體。

烏克蘭的情況特別悲傷，如今國不成國。想當年她還是蘇聯其中一個加盟共和國時，卻是十分風光。特別是軍事工業的三顆明珠，更令人艷羨，如今只能嘆句俱往矣。

一、馬達西奇航空發動機工廠。（2022年）5月25日，俄羅斯國防部發布消息，俄軍使用遠程空基、海基高精度導彈，摧毀了位於紮波羅熱的馬達西奇航空發動機工廠的生產車間。

馬達西奇廠號稱「動力沙皇」，也是前蘇聯的「航空工業的心

臟」，是當時建造的大型航空發動機即飛機引擎最先進的工廠。
前蘇聯解體後，該廠歸屬獨立了的烏克蘭，但烏克蘭本身市場
有限，當時馬達西奇廠的主要客戶仍是俄羅斯。然而在外國推
動下，烏克蘭親俄總統亞努科維奇在2014年落台，俄羅斯揮軍
克里米亞，烏克蘭全面中斷了和俄羅斯之間的軍事合作，馬達
西奇廠失去最大客戶，因而陷入嚴重經營危機。

而中資企業天驕集團在2013年成為馬達西奇股東之一，此後數
年不斷增資幫助其完成了 AI-9500F 渦扇發動機的開發；之後中
方股東出定單出資金，挽救失去最大客戶俄羅斯的馬達西奇；
至2018年，天驕集團由於持續增資，持股超過50%，成為馬達
西奇最大股東；但2019年澤連斯基競選成功，就開始阻撓馬達
西奇收購案，並強行開始馬達西奇的國有化程序。馬達西奇最
後被收歸國有，但烏克蘭卻不願賠錢予天驕集團，天驕集團在
2020年提出國際仲裁，向烏克蘭索賠45億美元，國際官司至今
仍未結束。美國整天把國際規則掛在口邊，對澤連斯基一手撕
毀中資收購馬達西奇的合約，而且拒不賠償，美國有說一言半
語阻止，還是在幕後導演，不想中國獲得先進的航空引擎技術
呢？中國眼見馬達西奇的狀況轉壞，大力發展國內技術，製造
了 WS17 發動機，成為中國飛機的「中國心」。

試想如中資公司仍是馬達西奇大股東，俄羅斯會用導彈摧毀這
間工廠嗎？如今看來，是政治掛帥的澤連斯基，一手埋葬這間

航空引擎業的傳奇。

二、安東諾夫飛機公司。安東諾夫公司位於基輔，設計並製造了安系列的運輸機。該公司設計及製造了全球最大的安 -225 超級運輸機，這架飛機原先停放在基輔郊區的安東諾夫機場，在俄軍進攻基輔時被炸毀。安 -225 超級運輸機是冷戰時期在前蘇聯與美國開展太空競賽期間所建造，用來背負太空穿梭機起飛。當時安東諾夫公司原計劃製造兩架，但最後僅完成了一架安 -225 服役，第二架受限於經費資源，僅部分完工就被封存。在今次烏克蘭戰爭中，安東諾夫公司的大樓遭炮火打擊，據說設計圖與檔案全部毀於一旦。而中國一家新成立的公司，就買走了安 -225 超級運輸機的殘骸，相信還有研究價值。

三、黑海造船廠。烏克蘭軍事工業第三顆明珠是尼古拉耶夫造船廠，又稱黑海造船廠，它建造了所有蘇聯和俄羅斯海軍的航空母艦，包括建造但未完成的瓦良格號航空母艦，最後轉售予中國，由大連造船廠續建，現為中國人民解放軍航母遼寧艦。蘇聯解體後，烏克蘭經濟不景氣、缺乏定單，黑海造船廠日漸衰落。最後黑海造船廠在 2018 年 7 月 3 日被當地經濟法院宣布破產，捱不到烏克蘭戰爭。

30 多年前，當烏克蘭脫離蘇聯獨立時，以為照抄西方制度，美好明天馬上到來。想不到這是把一手好牌打爛的開始。烏克蘭

軍事工業三顆明珠，先後從桂冠上墜落，烏克蘭由一個軍工先進國家，退化到一個農業國，再惡化成一個戰爭廢墟。這一個國家墮落史，實在值得引以為鑑。

2022年5月31日

西方對抗疫情

不能將新冠肺炎當成一場流感

美國和加拿大開始出現食品搶購潮，特別在溫哥華的超市，大量人湧去搶購大米等各類食品，貨架上空空如也，其中一個原因是當地衛生部門呼籲市民囤糧最少一個星期，萬一被隔離時家中要有足夠糧食，衛生部門的呼籲觸發了市民的恐慌。

美國情況亦有少少類似，三藩市政府叫市民囤糧兩星期，觸發了搶購潮。美國出現至少五宗不明來源的本地感染，疫情有擴散跡象，觸發了恐慌。上周（2020年2月29日）我提到美國與日本做新冠肺炎核酸檢測的門檻相當嚴謹，結果令到確診數字被低估，美國亦不斷修訂檢測門檻。但以特朗普為首的政府高層繼續陷於一個吹水的局面，天天講情況受控，結果令民眾更恐慌。美日兩國都有一個傾向，想將新冠肺炎當一般流感處理，不嘗試去追蹤每一個疑似個案，只將戰線縮窄去處理危重病人。他們除了考慮如果確診人數急升，醫療體系將不勝負荷；亦害怕對社會民生造成影響，所以盡量對疫情作輕描淡寫的處理，到處吹「新冠肺炎跟一般流感的死亡率」接近，大家不用擔心。

純粹從流行病學角度，新冠肺炎大流行最後的確可能難以制止，但不等如不需盡全力制止。著名流行病學專家、牛津大學終身教授陳錚鳴表示，世衛組織沒有說大流行是希望不引起恐慌，

他認為新冠大流行只是時間的問題，若疫情在印度、非洲醫療條件比較落後的國家蔓延，更加會一發不可收拾。他認為新冠肺炎在很多國家已出現當地傳播，疫情擴散之後就出現很多接觸史不清的病人，發展成國際大流行疾病，只是時間的問題。

韓國首爾大學醫院感染內科教授崔秉均認為，最糟糕情況是病毒或感染四成的韓國國民。疫情或持續到今年（2020年）年底，所以韓國要做好長期應對的準備。韓國專家這種估計是等於新冠肺炎將全面流行。如果套用到美國，會發生怎樣的情況呢？一般人會說，按美國疾病預防控制中心數據，美國2019至2020年流感季節，估計有2,600萬到3,600萬人感染，其中1,200萬到1,700萬人去醫院就診，25萬到44萬人住院，最後約有14,000至36,000人死於流感。

但將新冠肺炎比作一般流感，有一個嚴重的邏輯謬誤，因為流感已長期流行，而很多人已有抗體或注射了疫苗，而新冠肺炎是一種全新病毒，絕大多數人並無抗體，是蘋果與橙的關係並不可比。以韓國為例，如真是有四成人感染，以估計1%死亡率計算，以韓國有5,100萬人口，最後會有2,040萬人受感染，有20.4萬人死亡。如果將同樣的比例套用到有3.3億人口的美國，假設有四成人感染，即等於有1.3億人會感染，最後會有130萬人死亡。不要忘記在這130萬人死亡之前是會嚴重病發，他們不會留在家中等死，他們會湧入醫院求救，不要講話新增130萬重

症病人，即使同一時間新增13萬重症病人湧入美國特別是大城市醫院，醫院即時逼爆，會比武漢情況更加嚴重。

有一個美國人郭傑瑞（Jerry Kowal）做了中國網紅，他突擊美國紐約大醫院看一看，完全無人戴口罩，而美國大醫院亦不像中國有「發熱門診」，普通發熱病人來到醫院不會得到特別處理，在醫院求診時就可能互相感染。美國無論醫療體系到一般市民，並未預備一種新型病毒大流行，情況令人震驚。簡單的結論是並不能將新冠肺炎當成一個普通流感，任由它流行傳播，最佳策略是圍堵、隔離、治療，把疫情控制，捱到今年（2020年）夏季天氣炎熱，這些冠狀病毒沒有那麼活躍時期，希望盡快研究出疫苗，在下一個流感季節到來之前，可以打疫苗防禦，這樣就可避免大量人命損失。

2020年3月3日

戰時防疫 vs 輕鬆防疫

中國（2020年）3月2日新增新冠肺炎確診個案125宗，同日全球各地新增確診個案是中國的九倍。

新確診最多國家是韓國和伊朗，兩地疫情爆發，令人擔憂，但看大洋彼岸的美國，累計確診只有102人，美國3.3億人口，這樣少人受感染，卻有很多人搶買糧食甚至買槍，令人費解。在總統特朗普口中，這是民主黨的陰謀，他們操控 CNN 等媒體，製造恐慌，目的是拉他下台。

但美國出現6宗死亡病例，惹起我的注意，按港大教授梁卓偉推算方法，從死亡數字，大約推算出該地感染人數，以病死率大約1% 計算，乘大100倍就是。換言之美國6人死亡，染病人數估計約600人，而不是公布的102人，意味另外500個應被確診者，沒有被確診，他們在社區中自由行動。在美國，即使確診者也不用強制隔離，例如紐約第一個確診者是一名39歲的女醫護，由於症狀不嚴重，只是回家隔離。美國應對疫情的輕鬆態度，不但令人眼界大開，亦與其他國家形成強烈對比。

韓國總統文在寅昨宣布，全國進入與疫病戰爭狀態，各級政府啟動24小時應急機制。韓國大量檢測、全面收治以至封城，與

中國應對疫情方式相當接近。即使是英國，由於（2020年）3月2日單日確診增加13宗，英國政府嚴陣以待，衛生大臣漢考克（Matt Hancock）表示，若疫情蔓延，將推出抗疫戰鬥計劃，包括禁止大型活動、停課和勸喻公眾不要乘搭公共交通工具等。

美國政客吹出版本都是一致的，把新冠肺炎病毒說成是流感，特朗普委派副總統彭斯（Mike Pence）統籌抗疫，彭斯接手後第一件工作就是叫其他人封口，要求所有疫情的對外披露都要經他核准。例如他要求美國國家過敏症及傳染病研究所所長佛奇（Anthony Fauci，他的權威地位如中國的鍾南山或香港的袁國勇）未經他許可，不可對外討論疫情。

紐約出現第一個確診後，紐約州州長庫默（Andrew Cuomo）不斷解畫，其態度也輕描淡寫，引述美國疾控中心講法，指新冠肺炎全球致死率是1.4%，流感致死率是0.6%，而美國醫療水準比其他國家高，意指美國致死率會更低。他說80%新冠肺炎患者可自癒，20%的人會生病和需要就醫，而嚴重患者是長者、虛弱者和基礎病患者，對兒童影響較小。美國講法是把新冠肺炎當成流感，像紐約首例確診病患也沒有到醫院隔離，至於有沒有做全面、嚴緊的科學追蹤，以至把所有與接觸患者的人隔離，可想而知。

很多人質疑中國有瞞報疫情和採取措施不力，若把各地對疫情

的防控嚴厲程度用0到10作比較。美國防疫程度大約是3，武漢在2020年1月18日鍾南山的中央專家組介入之前是6，中央介入後，1月23日武漢封城和2月8日整個湖北領導班子全換後，武漢防控程度是10。現時韓國防控程度看來也有8。

現時指武漢當日防控疫情不力，主要有兩個關節點：一是當時武漢假設疫情由華南海鮮市場爆發，當局把這個流行病學史作標準，沒有去過該海鮮市場的病例，基本上不確診。後來有了核酸測試，改以此作確診標準，以當時全國標準，要呈陽性才確診。亦由於這些標準，便沒處理大量染疫的病人，最後大幅加速了病毒在社區中的傳播，增加了死亡病例。直至後來中國改為全面作戰方式，對疑似病例盡收、盡治、盡隔離，局面才慢慢扭轉。

以武漢早期不夠強硬的情況，對照如今美國，美國更寬鬆，已有核酸測驗，但不輕易去做。現時美國有五個感染路徑不明的確診個案，相信病毒已在社區中傳播，未來或大規模爆發。

中國作戰式抗疫和美國的寬鬆抗疫，南轅北轍。美國似乎正在賭一鋪，任由國民感染，只處理嚴重病者，希望最後安然渡過。正如我昨天（2020年3月3日見報）分析，要看染疫人數是1,000萬人，還是1億人，1,000萬人受感染，會死10萬人；若1億人受感染，就有100萬人死，當大量死亡個案湧現，逼爆醫療系統，

勢必造成極大恐慌。或許美國與武漢很不同，最後只有很少人
受到感染，但左睇右睇，美國正在豪賭。

2020年3月4日

崇美朋友，如何解釋美國抗疫亂局？

美國新冠肺炎死亡人數上升到11人，但確診個案只有158宗，按1比100的比例計，料美國有逾千個感染個案未反映。美國主要集中在西岸爆發，加州因已有一名新冠肺炎病人死亡，宣布進入緊急狀態。美國是聯邦制國家，各州可自行宣布進入緊急狀態，但只要聯邦政府沒有動起來，很多需要中央統籌的事情，從打仗到抗疫，都會出事。

我一直說美國聯邦政府和疾控中心控制了做核酸檢驗的數量，有掩耳盜鈴的問題。美國這情況已經惹當地醫生們怒吼。美國康奈爾大學醫學助理教授、紐約長老會醫院傳染病醫生麥卡錫（Matt McCarthy）上電視控訴，說美國聲稱進行核酸測試3個月，但完全控制在疾控中心的手中，核酸試劑送到州政府手上，但卻不允許做測試。紐約州已出現感染案例，但紐約只做了32個測試，而其他國家一天便做了10,000個測試。他說這是「國家醜聞」，他有病人懷疑受感染，不斷打電話到衛生部和疾控中心要求核酸測試，但一直沒批准。麥卡錫醫生對主持人說：「我們知道現在美國有88例了，到周中，可能就是數百例，下周可能就是數以千計，這存在測試問題。這個狀況糟透了！」

可能因為前線醫護人員所受的壓力太大，負責指揮抗疫的副總

統彭斯周二（2020年3月3日）表示，美國疾控中心將發表新的指引，明確規定任何美國人都可在醫生指導下接受新冠肺炎測試。他說：「我想結束這場混亂，因為一些州的領導人告訴我有問題，而實驗室工作人員稱只有那些症狀超過輕症的人才能進行病毒檢測。」

彭斯的講法首先承認這是一場「混亂」，其次造成混亂的原因歸咎於「實驗室工作人員」，他因聽了這些「實驗室工作人員」的話才會有過去的做法。這種「老賴」精神，貫徹在特朗普政府的所有施政中。過去一直有人說，甚至包括美國高官也是這樣吹，新冠肺炎等同一場流感，大多數人會痊癒，這解釋美國為甚麼不願意做大量測試。而彭斯如今突然讓步，說開放做測試，不過背後還有兩個問題。

第一，真的人人有問題都可以看病、可做測試嗎？在香港，你發燒和狂咳入醫院，醫生聽一聽你的肺聲音混濁，已捉你做測試，怕你成為播毒者，埋單只是100元。在美國，你沒有醫療保險，你根本不會去醫院，有病就去藥房買藥吃吃就算。在美國叫救護車要100美元，要測試新冠肺炎要350美元（合共450美元，共3,500港元），還未計其他醫藥費，沒醫保怎會去醫院求醫？美國至少有2,000多萬人沒有醫療保險，不像香港有免費公家醫生可睇。彭斯說開放測試肺炎，卻沒有說免費啊！美國政府沒有免費為新冠肺炎患者包底治療，隨時會令到大量病人沒

到醫院就醫,繼續在社區播毒。

第二,究竟美國有沒有抗疫策略?大家初時以為美國有策略,狠下心把新冠肺炎當成流感,堅持非重症便不測、不收、不治、不隔離。但現時看來美國政府在壓力之下有所改變,開放檢測,恐怕美國政府其實是沒有策略,只是見步行步。

我有一位好朋友,他是一名崇美者,去年(2019年)中美貿易戰處於高峰,中國處於捱打狀況,他對我說,美國在各方面都這樣先進,中國跟美國打貿戰,怎可能打得贏?他說美國人做很多商業行為,可能都經過社會科學研究,例如汽水罐用紅色,其實是基於紅色能夠引起消費者的心理渴望。

我聽後不以為然。以我對社會科學的認識,認為他誇大美國先進性。例如政治學,像福山(Francis Fukuyama)這樣有名的美國政治學家,在1989年大談民主制度是歷史的終結,事實證明是錯的。很多美國的社會科學,其實主要為政治服務。我對朋友的講法,只能用「風物長宜放眼量」來回應。

美國過去行「科學管理制度」,講究決策理性,但自從特朗普上台,變成一個「霸凌制度」,奉行「誰手瓜硬誰便贏」的哲學。美國有6,800枚核彈頭,有10個航母戰鬥群,是全球最大經濟體,所以隨時單方面撕毀各種協議,迫貿易對手甚至盟友就範,

向美國讓利。這是恃惡行兇的表現，背後無理性可言。特朗普之前用這個態度去玩貿易戰，略有收穫。他今次只不過是用同一態度去對抗疫情，他對着病毒怒吼，說「我不怕你」，又對着藥廠大叫「要幾個月研發出疫苗」。把脫離科學的霸凌主義，用在疫症這種需要科學化解決的問題上，自然束手無策。美國這場抗疫亂局，似乎還剛剛開始。

2020年3月6日

最後只有一個防疫對策：嚴厲圍堵

新冠肺炎疫情在歐洲嚴重爆發，由於遠離香港，本地感覺不強，反而對美股杜指一日大跌2,000點反應更加強烈。其實，西歐疫情去到非常嚴峻地步，特別是意大利，該國在（2020年）3月8日宣布把全國最富裕，也是疫症爆發最厲害的倫巴第大區以及另外四個地區封城，影響人口1,600萬人，佔全國四分一人口。但意大利疫情惡化太快，兩日後總理孔特（Giuseppe Conte）決定全國封城，停止所有公眾活動，包括體育賽事和夜生活等。意大利的確診病例相當嚇人，3月10日累計確診10,283宗，單日新增1,063宗。不要以為累計確診不過剛過10,000宗，相對中國累計確診80,000宗，疫情相對沒那麼嚴重，這樣忽略了一個重要因素，就是人口比例。中國有13.8億人，而意大利只有6,000萬人，意大利人口接近湖北省的5,900萬人，所以不應該把意大利的疫情和整個中國比較，而是應該與疫情最嚴重的湖北省的數字比較。

意大利本周二（2020年3月10日）一天新增1,063宗確診個案，以人口比例計，比較湖北的確診數字，意大利疫情等同湖北省1月29日的情況，當日湖北新增確診1,023宗，早已去到大爆發狀況。武漢於1月23日開始封城，當日全國新增確診數個案259宗，其中湖北省佔了105宗。1日後到1月24日，湖北省封城急

促擴大到13個市，當天湖北新增確診個案只有180宗。換一個角度，意大利全國封城的嚴厲抗疫措施，比湖北遲了6天，令到疫情早前大幅擴散。意大利抗疫態度由鬆轉嚴，但反應速度落後於疫情擴散的形勢。

其實，其他幾個西歐國家的新冠肺炎疫情亦不樂觀，截至本周二，法國累計確診1,888宗，單日新增確診282宗，以法國人口比例來計，單日新增個案約等於湖北在1月25日的情況，當時湖北已全面封城，法國現時仍毫無動靜。德國狀況也不理想，累計確診1,565宗，周二單日新增確診341宗，德國人口有8,300萬，以人口比例計，德國的新增確診數字等於湖北在1月24日的情況，但德國同樣未有全面封城。法、德兩國疫情現況，比湖北在1月24日大面積封城時更差，但防疫手段比湖北鬆。結論是不要以為湖北當日爆發得很厲害，如今歐洲正經歷同樣大爆發。如果你當時很怕由內地人傳播到新冠病毒，今日你應該同樣擔心西歐人，甚至埃及人、印度人。明天應該開始擔心美國人，美國染疫人數大約等如1月20日時湖北的狀態，如不嚴控，一星期後會開始進入武漢封城時的爆發狀態。所以不要再去這些地方旅行，也要防止輸入性感染。

意大利的例子告訴我們，在疫症爆發之初，很多國家都不願意採取像中國全面封城、全面停止社會活動的嚴厲抗疫措施。但隨着疫情惡化，政府只能轉向更嚴厲的抗疫模式，別無選擇，

沒有一個保持輕鬆的政策選項。因為新冠肺炎的全球致死率高達3.4%，大面積感染會大量重症病人逼爆醫療體系，並造成大量死亡，不是那麼簡單地說，感染一下便會痊癒。在意大利一些疫症爆發地區，醫院根本不能夠應付那麼多蜂擁而至的病人，目前在疫症重災區倫巴第的醫生，已公然表示不會救助超過80歲及有嚴重呼吸衰竭的病人，以騰空病牀救助那些年齡較輕、更有機會存活的患者。在疫症爆發地區，社會基本上無法應付急增的重病及死亡病例，在重大壓力下，政府沒有選擇，最後唯有轉向使用嚴厲的抗疫手段，全面封城，叫停所有社會活動，這只是時間問題，恐怕法國和德國下一步也將如此。世衛說中國採取嚴厲的控疫措施，為全世界爭取了應對疫情的時間。世衛意思是中國做了樣板給大家看，各國要跑在疫情之前，超前部署嚴肅的防疫措施。可惜爭取來的時間大家沒有用好，卻花了時間去質疑世衛有無偏幫中國，質疑中國遏止疫情的數字是否真實，總之自己就不想付出嚴厲防控的代價，以政治偏見，代替了科學分析。最後她們肯定要吃上大虧，交足學費之後，最後仍然只有一個防疫對策：嚴厲圍堵。

2020年3月12日

「佛系防疫」的天眞陷阱

歐美疫情上周末（2020年3月14日）開始急劇惡化，周日意大利單日新增確診3,590宗病例、西班牙2,000宗、德國2,138宗，這些國家已到達湖北大爆發狀況，和我早前預測的時間一致。

美國周日單日確診開始大幅上升到831宗，英國單日增232宗（相信嚴重低估了）。她們只處於大爆發前一周左右狀況，離懸崖不遠了。在疫情中，英國首相約翰遜出盡風頭，他上周五宣布的「佛系抗疫措施」，舉世嘩然。

約翰遜稱發燒37.8度以上的英國人，若症狀不太嚴重就建議不要去醫院求診，只在家中自我隔離7日（染疫也只隔離7日），不要加重醫院負擔，真正的重症患者才去求醫。他說出一套「群體免疫論」，想等全民有六、七成人染疫後，就不怕今年（2020年）冬天新冠肺炎再次來襲時會出現大規模感染。

約翰遜是如今西方領袖之中，最詳細講述這個讓七成人感染的理論根據。回想下七大工業國的抗疫行動，令人相信他們私底下有共識，就是用這套所謂「群體免疫論」去應對疫情。七大工業國包括美、英、法、德、意、加及日本。美國總統特朗普、英國首相約翰遜及德國總理默克爾都曾說過要讓六、七成國民

染疫，而包括日本在內的七國在疫情開始時，都盡量控制不做太多核酸檢測，美國亦大力控制檢測數字，去到上周五（3月13日）才轉軚開放免費檢測。但七國當中暫時只有日本控疫比較成功，相信和日人愛潔淨加聽話有關，意大利則嚴重爆煲，法國、德國的疫情亦開始大爆發。這套全民感染的理論開始破產。

全民感染理論背後有好幾個假設：第一，假設國民不會好似中國人那樣這麼聽話留在家中數以月計，認為跟中國做法難以實行；第二，要經濟如這樣停擺一兩個月，付出代價太大，不想接受；第三，相信自己先進的醫療體系可以負荷。

這一切只是一套理論，比較天真，亦一廂情願。它的最大漏洞是並無假設壓住疫情高峰的行動失效，疫情爆發，大量人群湧向醫院時，會令醫療體系好似武漢那樣超負荷爆煲。武漢其實是中國醫療體系相當發達的城市，但當大量受感染者湧現，醫療體系不勝負荷，最後死亡率急升，武漢的4.9%的死亡率，拉高全中國新冠肺炎的死亡率，可見逼爆醫院的效應好得人驚，令本來得救的人失救。如今意大利已決定超過80歲的重症新冠病人不救，留下病牀救年輕一點的病人，令意大利的死亡率高達7.3%。意國例子令人知道，死亡率不是固定數字。

以英國為例，他們有6,644萬人口，如果短期內有七成人感染，兩成人是重症，即是有930萬人會湧去醫院，情況同恐怖片一

樣，以英國的醫療體系，醫院病牀只有12.8萬張，怎去應付100倍的重症病人呢？中國用10日建一間重症醫院，還有14間用運動場改建的巨型方艙醫院，全中國有40,000個醫護馳援武漢。英國爆煲，那能如中國那般短期內建醫院，又哪有其他國家的醫護馳援呢？結局是英國大爆發後死亡率高於武漢的4.9%，是大概率事件。數以百萬計的人死亡，那個國家可以承受？

約翰遜操控民意有一手，一直被認為他是脫歐公投的幕後推手。如今他在保守黨政府內重金設立一個社會行為學的部門，專門去調控民意，他將整個抗疫行動，當作一個政治工程，用很理想化設計，想付出最少的經濟社會代價，哄騙市民不要出街，輕輕巧巧地渡過疫情的洪峰，但這一切都只是一廂情願。英國這套群體免疫理論，如果不盡快轉軌的話，最後很可能是以大災難收場。有仔女在英國讀書的朋友，要叫他們撤退了。

2020年3月17日

一張照片看到美國抗疫的問題——無知

最近美國總統特朗普在記者會上說,見到紐約皇后區的埃爾姆赫斯特醫院,用冷凍貨櫃車搬運新冠肺炎死者屍體,他用手比劃長長的貨櫃車,又說他在那裏長大:「我從未見過這些事情,覺得很傷感。」

美國政客就是這樣,擅於講故事,博同情。我看着同一張照片,卻看到令人震驚的另一面。照片中只見穿着簡單防護裝備的醫護人員,拉着醫院移動病牀,牀上躺着白布蓋着的屍體。另一些人協助把屍體抬上車,其中一人沒戴手套就去搬屍。為甚麼可以完全沒有穿上防護裝備,便走去運送滿布新冠肺炎病毒的屍體?究竟美國人有沒有常識呢?

我再上網搜尋美國各地運輸送新冠肺炎死者屍體的場面,總會發現低度設防、不戴手套和口罩的工作人員在搬屍,他們可能是貨櫃車司機,也可能是其他工作人員,但沒有人制止他們,大家對此見怪不怪。其實,我很早就發現,美國傳染病科的醫護的防護裝備,遠比中國的醫護簡陋。我見到的中國醫護穿着四層的防護衣,手套戴兩對,由頭包到落腳,完全覆蓋所有外露的皮膚。我初時不知道他們為甚麼在防護衣上寫上姓名,後來才知道,由於防護衣包得太密實,根本分不清誰是誰,所以

要在防護服上寫上名字。而美國醫護人員，很多人的手臂、後頸甚至面部都外露，受感染的風險很高。

我搜尋了有關中國搬運新冠死者屍體的情況，所有人員全副武裝，徹頭徹尾把全身包裹，未見過像美國人徒手運屍的情況。現時要由機場進入中國，由空姐，到入境做問卷的調查人員，一律全副防護服。道理很簡單，試想一下，若那個美國皇后區運屍工作人員一人感染，3日感染人數倍增，一個月已可造成1,024人感染。

美國在疫情爆發期間，無論是高危的醫護等工作人員，到一般民眾，防護仍嚴重不足，大部分市民沒有戴口罩，州與州之間也沒有禁止人群流動，疫情難免急速擴散。美國在4月1日出現單日確診人數25,328人，累計確診21.5萬人，增長驚人。

美國人對病毒防護不足，源於無知，源於輕視病毒高傳染性。美國CNN記者瓦科斯塔（Jim Acosta）參加（2020年）3月31日的白宮例行記者會之後，接受自己的電視台訪問，說這是一個令人震驚的簡報會，特朗普終於承認新冠疫情的嚴重性，說「新冠肺炎不是流感，是惡性的。」但是，這一切來得太遲。

美國人對新冠肺炎的無知，是由總統特朗普開始。特朗普在（2020年）2月26日還說：「這就像流感，我的意思是可以把它

當成一場流感。」按《紐約時報》公布的疫情地圖，當時美國只有59人感染，剛開始爆發的意大利有400人感染，而中國的感染人數差不多接近頂峰的78,000人。美國由59宗確診個案，急增到現時的21.5萬宗，只是五星期的時間。總統將一場在外地已爆到七彩的疫症，當成普通的流感，沒有實施嚴厲的防控措施，美國當時只是控制中國人入境，卻沒有控制韓國、伊朗、歐洲這些高危地區的人入境。既然總統不當一回事，普通民眾自然不懂得反應。

時至今日，還有一些人跟着美國的宣布口徑打轉，到處說中國隱瞞疫情，遺害全球。實情是，中國於（2020年）1月12日已公布病毒的基因圖譜，讓全世界知道新冠病毒是甚麼一回事。美國於1月26日從武漢撤僑，但到2月26日，特朗普仍然要將新冠肺炎當成流感處理。

總統無能、國民無知、防控不足，全國爆疫，這就是美國的狀況，我們期望美國高效而理性的決策，至今仍未出現。或許美國可以動用宣傳機器，把責任推向中國。但是，不做好防疫工夫，繼續用無知的半桶水方法抗疫，最終受害的，不是中國人，而是美國人。我一直為自己的美國朋友擔心，他們不應承受這場災難。

2020年4月3日

冬季大流行來了

歐美的疫情陸續大爆發，導致外圍油、金、股市暴跌，只有疫情受控的中國股市獨升。全世界都為這一波來勢洶洶的疫情，憂心忡忡。

歐洲目前的情況比美國更為嚴重，美國雖然近期（2020年10月）曾創出單日確診9.5萬例的高峰，但比較今年（2020年）7月的峰值近8萬例來說，增加的幅度仍未算太驚人。

歐洲的情況就相當得人驚，出現超高的第二波峰值。例如法國，在第一波疫情的單日新增病例7,500宗，但在10月25日，新增確診病例超過5.2萬宗，較第一波的峰值高出六倍！法國應對新冠肺炎科學委員會主席德爾福雷西（Jean-François Delfraissy）說，法國的疫情超出預期，考慮到有很多人沒有接受檢測和有大量無症狀感染者，他估計法國每天感染病毒的人數達10萬人。

英國的情況亦不理想，在第一波疫情，英國每日新增確診病例峰值為7,860宗，但近日英國單日新增峰值為2.7萬宗，較第一波高出2.4倍。歐洲第一大國德國的情況好過英法和美國，但在10月24日仍創出每日新增1.4萬宗病例的高峰，比上一浪高峰日增1萬宗，高40%。德國總理默克爾警告，德國目前正處於疫

情失控的邊緣。

世衛表示，上周全球新增病例，有46%來自歐洲，歐洲已經成為新冠疫情的震央。專家分析歐洲這次爆疫主要有兩個原因：跨境旅遊和群體聚集。今年（2020年）夏季，歐美的疫情在6月開始放緩，歐洲國家逐漸恢復正常的社交生活，陸續向鄰國開放邊境，導致人員流動頻繁，染病的機率大幅提升。據意大利政府發布的數據，有50%的新增病例是在這個期間發生，隨着邊境開放，大量遊客前往歐洲東南部度假，令到希臘和克羅地亞等地區的確診病例不斷躍升。

另一方面，歐洲群眾的防控意識大幅下降，不再遵守嚴格的社交隔離措施，群體聚集、互相感染的數量不斷地增加。特別是年輕人覺得染了疫也沒有甚麼大不了，死的只是老年人，更反對社區分隔措施。就算是防控較好的德國，最近亦爆發大規模的反封城示威。由此可見，在自由主義瀰漫的歐洲國家，政府不敢得罪市民，抗疫工作非常困難。

面對洶湧而至的疫情，歐洲國家已沒有甚麼招數對付，唯有封城。法國總統馬克龍宣布再次封國至少一個月，德國亦宣布由11月2日開始全國封鎖一個月，這些封鎖措施勢將令到歐洲經濟急速轉壞。

歐洲國家實施封城措施，的確可以減慢新冠病毒的傳播，但效果一定沒有中國封城那麼好，皆因歐洲的封城與中國的封城是兩個完全不同的概念。當日湖北武漢封城，街上變得空蕩蕩，居民不會外出，政府甚至組織隊伍把食物派到封鎖了的住宅小區，居民連食物都不會出外購買，做到真正的全面封鎖。而歐洲所謂的封城，只是要求居民如非必要，不要外出，他們仍然可以到超市購物，甚至可以在家居附近做運動。這種「輕鬆式」封城，可以減低人們失去自由的痛楚，但不能徹底阻截病毒的傳播，減低了封城的效果。

同樣地，歐洲對確診病人的處理與中國也完全不同。中國會盡收盡治，即使是年輕的輕症感染者，亦會收入方艙醫院隔離治療。而歐洲對於輕症者，基本上是放任自流。有朋友的孩子在英國感染了新冠肺炎，當地只叫他回家自我隔離10日，除了止痛藥之外，醫生沒有開出任何藥物，隔離滿10日之後，也不需要進行任何檢測，就可以自由活動。在所謂的隔離期間，即使外出活動也沒有人理會，純靠自律。這種對病患的處理和所謂自我隔離的方式，收到的效果自然極低，亦無法阻止病患繼續散播病毒。

至於強制性全民檢測，亦極少在西方國家進行。第一個歐洲國家會這樣做的，是斯洛伐克，該國正打算要求全國10歲以上的民眾在（2020年）11月8日前最少要完成兩次的核酸檢測。拒

絕檢測的人要在家進行10日的隔離，否則要罰款最高1,600歐羅。斯洛伐克是一個只有550萬人口的小國，現時要採取更加嚴厲的檢測措施，有何成效，還要拭目以待。

總括而言，歐洲國家的寬鬆抗疫措施，是這次大爆發的根源。由於冬季剛剛開始，歐美的大流行，恐怕只是剛剛拉開序幕。

2020年10月30日

從疫情看管治

美正走向「蘇彝士運河事件」危機

2020年3月23日，美國第七艦隊的神盾驅逐艦「巴里號」在南海舉行實彈射擊演習。之前在3月18日，多架美國軍機飛過巴士海峽，飛近香港。美軍的連串動作，是在總統特朗普把「新冠肺炎病毒」改稱為「中國病毒」之後發生，特朗普針對中國、轉移注意的態度相當明顯。但飛幾隻戰機，射幾支導彈，可以解決美國疫症的危機嗎？

特朗普不斷指責中國不早一點通知美國：「我希望中國可以早點告訴我們裏面發生了甚麼。我們一開始並不知道情況，直到疫情已經在人群中爆發出來。」

特朗普這種「中國不通報」的指責，又是拍拍腦袋講得就講。真相是中方一直有通報美方，中國自1月3日開始，便定期向包括美方在內的世衛組織通報疫情訊息；1月4日中美雙方的疾控中心的負責人也通了電話，雙方同意保持密切聯繫。再加上1月23日武漢封城，美國隨即在1月29日從武漢撤僑，中國疫情大爆發人所共知，何來中國沒有公開疫情，令到美國反應不及呢？到2月27日，特朗普還說「新冠肺炎將會在美國消失！」美國本來有一個多月去反應，只是特朗普當無事不作反應而已。

特朗普的失敗不光在於無力控疫，還在於丟失美國的領導地位。中國的舉國治理初步控制了疫情，由當初面臨的制度質疑，到今天變成了制度自信。北京如今向其他國家運送大量醫療物資，並派出專家組傳授抗疫經驗，意大利響起「感謝中國」聲音，意大利疫情嚴重的倫巴大地區衛生部長，甚至希望中國可以派醫療隊接管他們的 ICU 病區。與此同時，美國卻用軍機從意大利運走大批檢測肺炎病毒的試劑。兩國的形象，起了鮮明的對比。

這種情況惹起美國傳統精英的關注。中國並沒有因為新冠肺炎爆發出現蘇聯倒台前夕的「切爾諾貝爾危機」，相反美國卻出現了英帝國瓦解前夕的「蘇彝士運河事件」危機。

美國《外交》（*Foreign Affairs*）雜誌近日刊登前美國助理國務卿坎貝爾（Kurt M. Campbell）和著名智庫布魯金斯學會總監多希（Rush Doshi）的文章，他們將這次新冠疫情危機，和1956年的蘇彝士運河事件相提並論。

蘇彝士運河危機發生在1956年，這條運河在埃及境內，戰略意義重大，一旦控制了蘇彝士運河，就可以操控整個東地中海和中東地區。埃及過去是英國的殖民地，1922年獨立。到1956年，阿拉伯民族主義者納塞爾（Gamal Abdel Nasser）出任埃及總統，一改前總統親西方的立場，埃及和以色列的矛盾升級，埃及阻止以色列船隻使用蘇彝士運河。納塞爾總統進一步把英國和法

國擁有股份的蘇彝士運河公司國有化，令英法極度不滿。英、法、以三國在巴黎密議，向埃及開戰。但由於密議並無美國參加，美國反對三國軍事行動，蘇聯亦不滿三國出兵，在美蘇壓力下，三國最後撤兵。蘇彝士運河危機導致了英國艾登（Robert Anthony Eden）政府垮台，並促使之後的麥克米倫（Maurice Harold Macmillan）政府加快非殖民化進程，英國的帝國殖民體系，自始遭到毀滅性打擊。

世界領袖，在危機中要展示領導力量，英國在「蘇彝士運河危機」中一敗塗地。坎貝爾和多希評論說，在這次疫情危機中，美國如果處理不好，她的全球霸主地位，也會受到同樣的挑戰。

一個全球霸主，要有匹配的領袖，大家覺得特朗普有能力擔此大任嗎？習主席周一（2020年3月23日）致電法國總統馬克龍和英國首相約翰遜，建議在G20框架下加強全球對抗新冠肺炎的合作，相比之下，習主席更有大國領袖的風範吧。

2020年3月25日

有這樣的總統　就有這樣的疫情

美國的新冠肺炎累計確診人數768萬，本周一（2020年10月5日）單日新增41,576宗確診，死亡人數高達21.5萬人。如果一年前有人說有一場疫症，美國會有700多萬人染疫，有20多萬人死亡，肯定不會有太多人相信。但觀察了美國總統特朗普在確診前後的種種言行，就知道有怎樣的領導，就會有怎樣的疫情。

特朗普確診前後的行為，暴露了眾多的問題。

一、超級大國領袖竟然可以染疫。當特朗普確診的消息傳出之後，外界生起種種陰謀論，甚至懷疑特朗普自製確診消息以催谷選情。這個世界陰謀論太多，掩蓋了真正的訊息。美國作為全球超級大國，無論是科研抑或醫療水平，都是世界頂尖。這樣的強國，竟然不能夠保證其總統不被新冠肺炎感染，本身已暴露了重大問題，因為這個疾病對74歲、身體肥胖的老年人而言，是致命的疾病。堂堂大國怎可以將自己的總統，暴露在危險的疫症之下呢？總統確診，證實了這個國家的防疫，極之失敗。

二、鬆散的白宮防疫措施。我們經常見到特朗普不戴口罩，在

白宮內走來走去，與幕僚交頭接耳。特朗普在白宮玫瑰園，推介聯邦最高法院大法官巴雷特（Amy Coney Barrett）的聚會上，大多數人不戴口罩，就成為播疫群組，有很多出席人員確診。特朗普防疫意識低下，堅拒戴口罩，本身就是問題的核心。你看他出院回到白宮，第一件事就是脫下口罩，已顯見他對抗疫的無知。

三、做騷勝過防疫。特朗普現已出院，但他在出院之前一天，在10月4日曾坐車短暫離開沃爾特里德軍方醫療中心。大家初時以為他有甚麼重大任務要去辦，後來才發現他只是坐車出來繞行，向支持者和電視鏡頭前揮手，以顯示他狀況良好。特朗普這個行為被醫療人員指為「瘋狂出遊」。特朗普入住的沃爾特里德軍方醫療中心醫生菲力浦斯（James Phillips）斥責特朗普「不負責任的程度令人震驚！」他又指特朗普的行為置陪同他乘車的特勤組成員的生命於不顧，他們同坐在密封的防彈 SUV 之內，很容易會造成交叉感染，而特朗普出來的目的只是為了做騷。

在中國，不要說治療新冠病人的醫護人員，就算是邊境人員，也會穿上由頭包到落腳的多層防護衣。但我們見到特朗普身邊的特勤人員，基本上只戴上口罩，沒有其他的防護裝置。相信是特朗普不接受特勤人員穿着全套防護衣的形象，就把他們置於危險之中。特朗普重視做騷多過特勤人員的生命。

四、選舉大過天。特朗普入院後，有報道指醫生給特朗普大量使用了「單克隆」抗體雞尾酒療法（未通過藥檢的新藥）、地塞米松（類固醇）、瑞德西韋、法莫替丁、褪黑激素，阿司匹林、鋅、維他命 D 等八種藥物，一些藥物還在試驗中，並未獲得任何批准。一個全球最強國家的總統，竟然成為試藥的白老鼠，這種做法真是聞所未聞。相信其他國家的領導人染病，醫生都會使用比較保守的治療方案。

特朗普的治療方案如此激進，相信是他個人的選擇，目的是讓自己盡快康復出院，他更聲言會參加本月（2020 年 10 月）中的電視辯論。而白宮醫生肖恩 · 康利（Sean Conley）在宣布特朗普出院的時候的用語也耐人尋味。他說：「總統的自身評估及臨牀狀況，支持他返回白宮。」大家要留意：這是「總統的自身評估」，言下之意是特朗普要堅持出院。特朗普為了選情，要盡快出院，投入選戰，不想讓人見到他生病虛弱的樣子，這種行為是反科學的。一個感染了新冠肺炎的老人，不在醫院治療超過十天，未度過「炎症風暴」的危險時期，便急急要出院，首先以自己的生命作賭注。他的病情一旦爆發，會散發大量病毒，亦會危害白宮身邊人的健康。

特朗普的所作所為，其實已經完全暴露了美國抗疫的問題。一、特朗普本身展示了美國人的任性，不服從科學抗疫守則，特別是戴口罩的建議；二、政治掩蓋了科學，為了政治目的，可以

將科學防疫決定置諸不理。美國有這樣的疫情，不是天災，而是人禍。即使特朗普最後賭贏了，身體完全康復，他的染疫過程，只反映了這個國家如何失敗，災難本可很大程度地避免。

2020年10月7日

黑天鵝與灰犀牛

告別2020，迎來2021。

2020年的確是驚心動魄的一年。新冠疫情大流行，對全球造成巨大衝擊，也令我們深刻反思，不同國家、不同治理體制如何應對危機。

2008年史無前例的金融海嘯在美國引爆，當時喜歡講「黑天鵝」事件，意即一些小概率但影響巨大的事情，人們從沒預計某些事情會出現，但事情突然撲面而至，令人猝不及防。

當黑天鵝事件不斷地重演，就不再是黑天鵝了。古根海姆學者獎獲獎者米歇爾沃克（Michele Wucker）在《灰犀牛：如何應對大概率危機》（*The Gray Rhino: How to Recognize and Act on the Obvious Dangers We Ignore*）一書提出新概念：「灰犀牛」，以比喻大概率而且影響巨大的危機。灰犀牛體形龐大笨重，你一早已看見牠從遠處走過來，卻毫不在意，但灰犀牛的奔跑速度其實比你想像中的快，當牠跑近的時候，你只能目瞪口呆地看着牠直衝過來，把你撞死。

灰犀牛事件爆發之前，已經有跡可尋，但往往被人忽視。2020

年1月在武漢開始爆發的新冠肺炎疫情，對中國來說，是一個黑天鵝事件，事前毫無徵兆，卻突然洶湧而至。

中國動用了史無前例的強硬手法對抗疫情，當中的關鍵是在1月23日把武漢封城。中國領導人作出這個決定，冒着相當大的風險。封閉一個1,000萬人口的城市，萬一疫情在武漢市內一發不可收拾，等如叫武漢人作出犧牲，保護全國。

武漢封城之後，繼而是全國總動員，由解放軍以至各省市派出醫療隊馳援武漢和湖北，協助當地撲滅疫情。在短短個多月內，湖北和武漢的疫情受到控制。之後中國發展出一套高效的疫情防控手段，包括全民檢測、大區檢測和健康碼，成功快速控制疫情，並長期保持動態清零。

簡單形容，中國面對新冠疫情，是在做一份閉卷考試，對疫情如何應對，毫無頭緒。到2月底3月初，疫情擴散到外地的時候，由於中國的應對方法全世界已經知曉，對她們而言，應對疫情已變成一份開卷考試，大家都可以看着答案答題。到西方國家面對新冠疫情的時候，已經不是一個黑天鵝事件，而是一件灰犀牛事件。

猶記得中國爆疫之初，西方國家覺得事不關己，都在看戲剝花生。美國在2月底時只有零星個案，總統特朗普還在打高球，且

不忘譏笑中國。然而，新冠疫情就像灰犀牛一樣撲面而至，西方國家卻視而不見，結果就被衝擊得一敗塗地。

中國很快便成功控制疫情，至今（至2021年1月）累計確診人數有96,673人，累計死亡人數4,788人。但是理論上醫療及衛生水平極高的美國，累計卻有高達2,022萬人確診，35萬人死亡。近期美國單日新增確診人數經常在20萬人以上，美國單日確診人數比中國累計確診人數要多得多，在年初中國爆疫時，真是講你也不會信。

同一個控疫做法，在中國可以收效，但在美國卻不收效。例如中國建好方艙醫院之後，就可以把輕症病人隔離和治療。美國曾一度仿效中國，把一些球場和體育中心改建成方艙醫院，但卻調動不到新冠病人入住，原因是美國病人有醫保，醫院不肯放人，而輕症患者亦不願意入住方艙醫院。

中國沒有被黑天鵝擊倒，而美國卻被灰犀牛撞得一塌糊塗。撇開民主和專制這些形而上的制度爭議，純以效率計，中國的管治制度高效，而美國管治制度低效，在這次疫情中，一覽無遺。其實我覺得西方民主制也不應這樣低效，但在民粹主義高漲的影響下，低效卻成宿命。

不要以為管治失效，代價很輕微，首先美國就要付出了巨量的

人命代價，因疫症死亡的35萬人，基本可以說是枉死。美國因為疫情的影響，一年要多花了3.7萬億美元。這個花費，已經等如美國立國200多年以來國債總規模的16%。現在估計中國經濟可以提前在2028年，在經濟總量上超越美國。在2021年，我們還會遇到很多灰犀牛危機，例如接種疫苗計劃失敗、做得不好，我們照樣會坐視灰犀牛狂奔而來，把自己撞得人仰馬翻，故不可不慎。

2021年1月2日

西方接種疫苗　正在體現「墨菲定律」？

新年（2021年）一到，怪事就多。西方接種疫苗的安排，令人擔心全世界把抗疫希望放在疫苗上，這種希望到底是否現實。

一、英國同意混合接種疫苗的鬧劇。據英國政府除夕公布的指導方針，如同一種疫苗庫存不足，就准許民眾第二劑接種時施打另一種疫苗（一人要相隔一段時間接種兩劑疫苗才起效），以完成接種兩劑安排。消息一出，輿論嘩然。外國衛生專家批評，接種兩劑不同疫苗是否可起免疫效果，並未驗證，英國怎可如此輕率建議。

英格蘭公共衛生署免疫接種負責人藍西（Mary Ramsey）嘗試解畫，指這只會發生在極罕見情況下，且政府不是在建議混合不同疫苗使用。她指，應竭盡所能讓人們接種相同疫苗，但當不可能時，比起不打第二劑，在第二劑接種另一種疫苗會來的比較好。

這種「第二劑接種另一種疫苗會來的比較好」說法，其實未經科學實證。英國出現這亂局，與首相約翰遜冒進的接種疫苗計劃有關。

英國在2020年12月2日成為全球第一個批准美國輝瑞藥廠和德國生科公司 BioNTech 所研發的 mRNA 核酸疫苗註冊緊急使用的國家，當時連美國本土都未批准使用這疫苗。美國抗疫權威福奇當時批評，英國政府只憑字面資料就批准輝瑞疫苗使用的做法，很有問題。但英國首相約翰遜這種搶先批准輝瑞疫苗的做法是刻意為之，除「認叻」說自己是全球第一，更搶先向輝瑞公司落單購買疫苗，令輝瑞馬上把80萬劑疫苗供應給英國率先接種。

約翰遜每一步也在賭。英國只公布收到第一批80萬疫苗，理論上為40萬人接種（因打第一劑後，隔幾個星期便打第二劑）。但英國做法卻是「注射所有現有疫苗的策略」，把80萬劑盡打，要為80萬人接種，以求高風險人群盡快被覆蓋，結果可能遇上打了第一針後無以為繼的問題。

現在全球搶疫苗，英國曾稱輝瑞在去年（2020年）年底前會供應400萬劑疫苗給她們，但之後再無公布疫苗供應實況，若第二批供應英國疫苗趕不上又怎麼辦？結果英國弄出那個可以混合接種的「指導方針」，試圖補鑊。

如果香港抗疫的問題是「嘆慢板」，英國卻是另一個極端，「胡亂來」。

二、美國疫苗突然又可以稀釋一半。美國聯邦政府「神速行動」疫苗接種計劃負責人斯勞伊（Moncef Slaoui）表示，加快疫苗接種的一種方法，是向某些個人提供兩劑、但劑量減半的莫德納（Moderna）mRNA 核酸疫苗：「就莫德納疫苗而言，為18至55歲的群體提供正常劑量減半的疫苗，將實現以我們現有劑量為兩倍的人進行接種的目標，我們知道它所產生的免疫反應與100微克正常劑量的疫苗相同。」

斯勞伊指，疫苗接種任務小組正在與莫德納及美國食品藥品監督管理局（US Food and Drug Administration, 簡稱 FDA）討論這個加快接種劑量減半疫苗的想法，最終仍由藥監局決定。

斯勞伊透露這種「減半注射法」建議，是為了回應為甚麼美國不採用英國那種「注射所有可用疫苗」的策略，反而認為減半注射莫德納疫苗更佳。

問題是美國這建議，同樣未經科學實證。可能斯勞伊是看到一些初步數據，認為莫德納疫苗減半注射仍可產生足夠抗體，但問題是莫德納疫苗進行大規模三期臨牀試驗時是注射正常劑量，減半注射未經大規模臨牀實證，又如何可以冒進？

英美兩國對接種疫苗的處理相當輕率，令人害怕會出現墨菲定律（Murphy's Law）預示的情況：「凡是可能出錯的事，就一定

會出錯」。接種疫苗計劃或出錯，但西方政府這種不嚴謹決策方式下，就一定會出錯。

墨菲定律還有深入一點的解釋：「如果有兩種或兩種以上的方式去做某件事情，而其中一種選擇方式將導致災難，則必定有人會做出這種災難選擇。」我們只能希望，中國內地和香港，在設計接種疫苗計劃時，會選擇到做得對的方式。

2021年1月5日

換個角度　疫苗是要搶的

近日和一個本地精英朋友聊天，問起他打不打新冠疫苗？他回應說：「命仔緊要，人人都有中招風險，為何不打？」

精英朋友問我有沒有留意，去年（2020年）11月阿拉伯聯合酋長國副總統兼總理、迪拜酋長阿勒馬克圖姆（Sheikha Mohammed bin Rashid Al Maktoum），公開接種了中國國藥公司生產的疫苗。他說阿聯酋總理這樣有錢的千億富豪，當然「最重視自己條命仔，又有最多資訊」，他也打國產疫苗，可見疫苗打得過。

精英朋友講完，我去查證資料，發現阿聯酋就是國藥疫苗三期臨牀的試驗地，最清楚疫苗有無效及有無副作用。再查一查，不止中國的國藥疫苗，科興疫苗也一樣，在哪個國家做三期臨牀試驗後，該國不但大量訂購，而且當地總統、總理大多帶頭接種，例如土耳其總統埃爾多安（Recep Tayyip Erdoğan）和印尼總統佐科維多多（Joko Widodo），都接種中國科興疫苗。這些人是一國之主，位高權重，掌握的內幕遠多於一般人，難道會拿自己的寶貴性命，出來賭博？

最近又看到一則有趣新聞。據英國《衛報》（*The Guardian*）報道，倫敦一家名為「騎士橋聯合會」的俱樂部，現在推出了一項

「接種中國新冠疫苗度假之旅」的服務。根據該服務,只要成為該俱樂部的會員(入會年費2.5萬英鎊),就能飛往阿聯酋接種中國的國藥疫苗,而非會員只要付出10,000英鎊,同時自行承擔前往阿聯酋的機票和在當地三周住宿費用,也可成為「臨時會員」,去阿聯酋接種中國疫苗。

我看完新聞一計,要花10,000英鎊再加機票和三周住宿,埋單接近20萬港元,去打國產疫苗,中國疫苗竟然有這種富豪市場。我們將來在港免費打疫苗,真是富豪級享受了。

西方國家的藥廠原來在全球藥業有壟斷性地位,主要批准西方生產的疫苗,審批時有政治角度。以歐盟為例,歐盟藥品監管機構只批准了三家歐美生產商的新冠疫苗,它們是英國公司阿斯利康(AstraZeneca)腺病毒載體疫苗、美德兩家公司聯合研發的輝瑞 / 生物科技(Pfizer/BioNTech)和美國公司研發莫德納(Moderna)的核酸疫苗。

不過受美國和英國公司疫苗短缺的影響,美、英藥廠優先供應本國,對歐盟的供應嚴重不足。歐盟內部有愈來愈強的聲音,指中國的科興和國藥滅活疫苗,以及俄羅斯的「衛星五號」腺病毒載體疫苗,同樣安全有效,歐盟應盡快批准使用,不要因為政治原因,把這些有效的疫苗拒諸門外。

如今（至2021年2月）已有16個國家或地區批准緊急使用中國的國藥或科興滅活疫苗，向中國簽訂購買5億劑疫苗合同。阿聯酋、巴林、埃及、約旦、伊拉克、塞爾維亞、摩洛哥、匈牙利、柬埔寨和巴基斯坦已批准中國國藥疫苗；印尼、土耳其、巴西和智利、哥倫比亞等國已批准並開始廣泛接種科興的疫苗。烏拉圭、墨西哥等國也有望很快用上中國疫苗。

香港的疫苗顧問專家委員會已批准緊急使用復星/BioNTech核酸疫苗。最近中國科興已提交了三期臨牀的數據，希望委員會可以盡快審批。我估計世衞亦正在審議科興和國藥的數據，很快會全面認可中國疫苗。世衞最關心的是疫苗供應的問題，眼見富國大搶疫苗，其他國家唯有靠中國支持。聞說世衞專家在武漢考察後，已飛到北京，和阿爺傾疫苗供應問題。

雖然港府官員說有信心復星/BioNTech疫苗可以在2月底供港，但供港的疫苗在德國生產，能否順利出口也有變數。萬一德國管制出口，就會延遲供港。若專家委員會在短期內批准緊急使用科興疫苗，估計科興疫苗供港會比復星/BioNTech疫苗快。

正如塞爾維亞總統武契奇所言：「搞到疫苗比搞到核武還難。」大家要明白一個現實，疫苗是要搶的，我們不用搶，已經很幸福了。

2021年2月9日

疫苗民族主義的虛偽

先由一個小故事開始。美國近日（2021年6月13日）宣布向中美洲國家千里達捐贈80瓶輝瑞疫苗，你沒有看錯，是80瓶，不是80萬瓶！結果？自然是在網上遭到群嘲。

一瓶輝瑞疫苗可以稀釋出6劑疫苗，即美國捐贈了480劑疫苗。美國幹了這件「大事」，連美國的《新聞周刊》（*Newsweek*）也發現了，還寫了一篇報道，標題為《中國官方媒體嘲諷美國捐贈千里達480劑疫苗，此前中國捐贈了10萬劑》（"China State Media Mocks U.S. for Gifting 480 Vaccine Doses to Trinidad & Tobago After They Gave 100K"），報道中提到《中國日報》歐盟分社社長陳衛華，在美駐千里達使館宣布捐贈的推特下方留言說：「這個景象是給一家養老院捐贈的，而不是給一個國家。」

《新聞周刊》分析，陳衛華在推特的留言，似乎是在嘲諷「美國這樣的世界領袖，竟然會在推特上宣布這麼小的一筆援助」。更值得一提的是，美國駐千里達使館發聲明說：「美國致力於疫苗多方面幫助千里達政府，我們相信每一劑疫苗都有它的價值。」

千里達是加勒比海小國，西部與委內瑞拉相望，但人口也有140萬。480劑輝瑞疫苗，真的不知如何分配。

千里達外交部長布朗（Amery Browne）在議會裏面交代，千里達收到來自中國捐贈的疫苗有10萬劑、來自印度的有4萬劑疫苗、來自巴貝多的有2,000劑、來自聖文森特和格林納丁斯群島的有1.6萬劑、來自百慕達的有9,000劑、來自格瑞納達的有1萬劑疫苗，當中絕大多數都是捐贈的。另外，千里達向中國採購了20萬劑疫苗。相對之下，美國的480劑疫苗就變得相當礙眼了。千里達一個小例子，已顯示出美國對捐贈疫苗幫助窮國的態度。

截至目前（2021年6月17日）為止，全球已接種了22億劑新冠疫苗。G7（七大工業國）佔了其中的5.6億劑或兩成半。而G7人口合共7.7億萬，只佔全球人口的9.9%，反映了以美國為首的G7富國大量囤積疫苗，讓國民優先接種，這很顯然是「疫苗民族主義」。然而，美國卻惡人先告狀，倒個頭來質疑中國捐贈及出口疫苗是「疫苗外交」。

最近召開的G7峰會，會後遭到很多人批評，指會議完全放錯了重點，不應該對付中國，而是應該放在現時更加迫切需要解決的環球新冠疫情和氣候暖化問題之上。

阿聯酋的《海灣新聞報》（Gulf News）發表題為《為甚麼過時的G7不再重要》（"Why an Outdated G7 Is No Longer Relevant"）的文章，指美國總統拜登想令G7變得再次重要，就找出一個共同的敵人。正如G7早期的共同敵人是蘇聯一樣，今次以中國作

為對手。一些 G7 的成員國可能贊同拜登的新信條，但對世界上其他地區而言，中國實際上是「好人」而不是甚麼「惡人」。中國在過去 10 個月（2020 年 9 月至 2021 年 6 月）的所作所為，向發展中國家提供大量援助，向 80 個國家提供疫苗。美國曾以國內需求為由，拒絕捐贈疫苗，其他 G7 國家尚未向貧困國家捐贈多少劑疫苗，還談甚麼領導地位。

這些批評聲音，G7 當然知道，所以這次峰會也多了一個小小的主題：捐贈疫苗。不過，捐贈疫苗的數字很混亂，初時傳出的數字是 G7 在未來一年多會合共捐出 10 億劑，其後澄清是 6.1 億劑，當中包括美國總統拜登說會對 92 個低收入國家捐贈 5 億劑輝瑞疫苗。一些富有國家，聲稱捐出 6.1 億劑疫苗，但除了 G7、中國和俄羅斯之外，其他國家都不能夠疫苗自足，也沒有錢購買疫苗，即是全球另共有 55 億人，需要 110 億劑疫苗。G7 承諾會捐出的疫苗只有 6.1 億劑，只不過是九牛一毛。

無論如何，G7 雖然號稱自己領導世界，但是她們對世界所關心的問題卻完全失焦。在世界最關注的疫苗獲取上顯得吝嗇自私。相比之下，中國已經出口和捐贈了 3.5 億劑以上的疫苗。你說中國是疫苗外交也好，疫苗援助也罷，中國實實際際地協助解決了很多國家非常緊急的抗疫問題。

2021 年 6 月 17 日

你爲甚麼只看見你弟兄眼裏的木屑呢？

全球爆發 Omicron，歐美國家首當其衝。但是，當地的媒體對中國抗疫政策的批評，卻比對自己國家的批評更加嚴厲，只要看看《紐約時報》這份「高質報章」（quality newspaper）的報道及評論，就可知一二。

《紐約時報》在（2022年）1月7日有一篇報道，標題爲《中國的最新封鎖顯示了對零感染的頑固決心》（"China's Latest Lockdown Shows Stubborn Resolve on Zero-Covid"）。內文以西安的抗疫爲主軸，批評西安爲了抗疫而實施的封城措施，指中國繼續依靠和2020年初相同的專制抗擊病毒的方法，包括嚴格的隔離、關閉邊境和封鎖，「中國繼續堅持其清零政策，並將其抗病毒的成功，作爲其獨裁領導風格拯救生命的證明。」簡言之，就是將中國的清零政策與「獨裁」畫上等號。

如果說《紐約時報》1月7日的文章，尚算較爲寫實，在1月12日的文章就是全面開炮了。文章題爲《中國有百萬大軍，不惜一切代價執行清零政策》（"The Army of Millions who Enfore China's Zero-Covid Policy, at All Costs"）。

文章亦以西安爲焦點，開端先講述各種負面的視像，包括醫院

員工拒絕接收一名患有胸痛的男子，以及一個懷孕八個月的婦女因為沒有新冠測試被拒收，最後流產等等。之後就說西安封城，但沒有準備好為當地1,300萬居民提供食物、醫療等必需品，造成「自2020年1月國家首次封鎖武漢以來從未見過的混亂和危機。」

文章先質疑中國官員：「他們必須在其權力範圍內採取一切措施，確保新冠感染率為零，因為這是最高領導人習近平的意願。對這些官員來說，病毒控制是第一位的。人民的生命、福祉和尊嚴要後得多。」

文章進一步質疑支持中國政府政策的民眾，說「政府有一支龐大的社區工作者隊伍，他們熱心地執行政策，還有成群結隊的網上民族主義者，他們攻擊任何提出不滿的人。西安的悲劇促使一些中國人質疑那些執行檢疫規則的人怎麼會有這樣的行為。」文章指這是「平庸之惡」，引用哲學家漢娜・阿倫特（Hannah Arendt）提出的概念，指二戰時德國大屠殺的主要策劃者之一阿道夫・艾希曼（Otto Adolf Eichmann）是一個普通人，他的動機是「非常勤奮地關注他的個人發展」。文章將中國支持國家抗疫政策的民眾，當成大屠殺的支持者。文章最後以「有多少中國官員和平民——往往被職業野心或服從所驅使——願意成為專制政策的助推器」作結。

看完美國所謂的「高質媒體」這樣的報道及評論，只能夠用「震驚」二字來形容。他們的推論是這樣的：

一、西安的封城行動，帶來流產、死亡、混亂和危機；二、中國的抗疫政策，只是鐵碗和威權政策的產物；三、官員盲目地遵從政府政策，而政策目標只是為達成習近平主席的私人意願；四、支持中國政府政策的民眾是盲目的機器，他們犯上了「平庸之惡」，成為專制機器的螺絲釘；五、將這個類比無限上綱到二次大戰時德國的大屠殺；六、結論是全面攻擊中國清零政策。

我覺得最可笑的是，文章作者將西安的抗疫類比為大屠殺，到底西安屠殺了甚麼人？死了多少人？

看看在同一時空的美國，發生了甚麼問題？美國政府抗疫不力，Omicron 大爆發，染疫和死亡人數激增，美國在過去的7天（2022年1月第二周），平均每日新增染疫人數超過78.3萬人，平均每日染疫死亡人數1,829人。美國每天死了這麼多人，《紐約時報》還在恥笑西安的官員只控制病毒，而「不重視人民的生命、福祉和尊嚴？」

一個容許每天都有大量人民因新冠肺炎而死亡的政權，國內的主流媒體還好意思批評中國不照顧人民的生命，這真是2022年剛開始便聽到的最大笑話了。

容許我引用聖經的話語:「你為甚麼看見你弟兄眼裏的木屑,卻不想自己眼裏的樑木呢? 你看不見自己眼裏的樑木,怎麼能對你弟兄說『弟兄啊,讓我除掉你眼裏的木屑』呢?你這偽善的人!先除掉你自己眼裏的樑木,然後你才能看得清楚,好除掉你弟兄眼裏的木屑。」

美國媒體吹響政治號角,叫中國政府不去抵抗疫情,叫中國也躺平吧,這才是真正的「平庸之惡」。

2022年1月15日

中美博奕下的香港

烏克蘭經驗　自編自導的神秘一槍

看着香港年輕人一臉純真，對着鏡頭表示「香港要學烏克蘭，爭取自由！」心中泛起一絲無奈，究竟年輕人有多了解2014年烏克蘭「革命」的真相？

烏克蘭這個國家，夾在歐盟和俄羅斯中間，是西方陣營和俄羅斯鬥爭的磨心，在1989年鐵幕解體後，烏克蘭引入民主選舉，親俄和親美的總統梅花間竹似地出現，烏克蘭的政治鬥爭，沒有一刻消停。

2010年2月，親俄的亞努科維奇，當選為新一任的烏克蘭總統。到2013年，亞努科維奇宣布放棄了加入歐盟的努力，就觸發重大的政治事故。烏克蘭這樣做，不符合美國全面包圍俄羅斯的計劃，報復馬上到來。

示威在2013年11月底開始爆發，到2014年1月亞努科維奇曾向反對派作出讓步，接受了內閣的全體辭職。但反對派並不收貨，要求亞努科維奇下台。

反對浪潮持續了三個月，烏克蘭警察也盡量克制，沒有向示威者開槍，示威浪潮膠着。在2014年2月20日，就爆發基輔獨立

廣場開槍事件，有不明身分的狙擊手開槍，導致53人死亡，其中49人為示威者，4人為執法者。反對派領導人以及美歐國家，立刻把開槍悲劇歸咎烏克蘭總統亞努科維奇。兩日後烏克蘭國會表決通過，將總統亞努科維奇革職，結果他流亡俄羅斯，親美的波羅申科（Petro Poroshenko）在同年6月上台。一個透過民主選舉合法選出的總統，在一場群眾運動中被迫下台。民主沒變，只是由親俄總統換成親美總統。

幾年之後，俄羅斯衛星通訊社爆出驚人新聞，訪問了當日在烏克蘭基輔獨立廣場開槍的槍手，槍手還出示了當日飛基輔的機票，作為旁證。

原來槍手是一班格魯吉亞前軍人，首腦是格魯吉亞精銳部隊前指揮官齊捷拉什維利將軍，他告訴俄羅斯衛星通訊社記者，他手下一批格魯吉亞狙擊手去了獨立廣場，他們的任務就是槍殺，不僅可以朝示威者射擊，也可朝警員射擊，目標是激怒人群、製造政治危機。他說其中一些人至今還留在烏克蘭，參加那裏的作戰。

這批格魯吉亞前軍人是收錢到烏克蘭，表面上是反對派出錢請他們維持示威的秩序。其中一個前格魯吉亞軍隊人事部門軍官涅爾佳傑稱，他們是拿着別人的護照去到基輔，「支援獨立廣場抗議者」。他們一組軍人先收1萬美金，另外5萬美金，許諾回

來後再付。

到事發前的（2014年）2月19日晚上，烏克蘭反對派政客帕申斯基（Serhiy Pashynskyi）和同伴拉着大箱子，走進了烏克蘭飯店，為這個格魯吉亞軍團運來各式各樣的自動步槍。格魯吉亞軍團分隊指揮官列瓦濟什維利接到反對派政客帕申斯基交來的「特殊任務」，明天必須「在基輔獨立廣場製造混亂，用武器瞄準所有目標，不管是示威者還是警方，都沒有分別。」

2014年2月20日清晨7時30分，在反對派政客帕申斯基直接指令下，格魯吉亞軍團向廣場上的群眾開火，開槍兩到三下後馬上換陣地，射擊進行了大約10至15分鐘。此後他們受命拋棄武器，離開大樓，即日坐飛機離開烏克蘭。一場改變烏克蘭歷史的廣場開槍事件，竟然是反對派自導自演。

香港的示威活動略為沉靜，只怕還等待下一個高潮。真的不希望烏克蘭的開槍事件，會在香港發生。但太子站死人事件都有人相信，若香港有人開一槍死一個人，肯定會有人相信是政府屠殺。突然想起2004年台灣的「總統」選舉陳水扁那一次離奇槍擊事件，有甚麼事情是不可能的呢？

2019年9月13日

香港可以通過《美國人權與民主法案》嗎？

美國眾議院（2019年10月15日）通過《2019香港人權與民主法案》（*Hong Kong Human Rights and Democracy Act of 2019*），將交參議院審議。目前，在野民主黨控制了眾議院，參議院則由執政的共和黨控制，如果法案獲兩院通過，最後會交總統特朗普簽署生效。

若法案通過生效的話，美國將每年會檢視香港的人權和民主狀況，以及點名甚至制裁他們認為侵害了香港人權及民主的人士，甚至取消香港的獨立關稅地位。中美貿易談判剛剛達成了首階段的協議，但《香港人權與民主法案》照樣在眾議院通過，以特朗普擅於「玩嘢」的性格，未來可能會借這條法案，作為下一階段中美貿易談判的籌碼，進一步要脅中國讓出更多貿易利益。

香港發生暴力示威，香港眾志的黃之鋒等人跑去美國，要美國通過《香港人權與民主法案》，美國政壇充斥着反華情緒，就乘勢通過香港這條法案。但此法案不會增加香港的民主和人權，因為美國正高舉「America First」（美國優先）的大旗，民主只是美國利益的包裝。完全看不到香港政客這種引狼入室的行徑，可以為香港和中國內地帶來甚麼好處，只會損害到國家和香港的利益。

美國為甚麼有權可以通過這條《香港人權與民主法案》呢？美國並不是聯合國，美國對他國並無管轄權力。這條法案的阻嚇力，是美國可以點名制裁某些香港人，被制裁的人將來不可以去美國，甚至可以叫美資機構扣押他們的資產。美國可以判定香港的人權和民主，那麼香港是否也可以立一條《美國人權與民主法案》去監察美國呢？如果發現美國某些人違反了人權和民主，香港可否制裁他們呢？

有人說，美國是世界大國，香港憑甚麼可以判斷美國的民主和自由呢？其實香港是有資格的。第一，在「人類自由指數」中，2018年香港的排名第三，遠高於排第十七的美國，香港站在道德高地，可以判別美國的自由和人權。

第二，用特朗普的邏輯，美國對中國每年有3,000多億美元的貿易赤字，等如中國偷走了美國3,000多億美元。香港每年對美國有300多億美元貿易赤字，全球僅有13個國家和地區對美國有貿赤，香港是對美貿赤最高的地區，等於美國每年從香港偷走了300多億美元。如果以「香港優先」作為標準，香港當然有權管管美國的事情了。

第三，不說別的，美國濫用槍械傷害人權的情況，極其嚴重。據停止槍支暴力教育基金會（Educational Fund to Stop Gun Violence）的報告，2017年美國有近4萬人死於槍暴力，平均每

天109人。香港的反《逃犯條例》引發暴力示威，延續至今超過四個月，但未有造成死亡。美國有3.3億人，香港人口740萬，香港人口等於美國人口總數的2.2%，如果以美國一天有109人因槍械暴力死亡去計算，香港每日要死2.4人，其災難程度才達到美國濫槍災難的高度（要重申沒有人想香港死任何一個人）。香港因示威引發對人權的侵害，遠低於美國的槍械暴力。

綜合上述三點，香港完全有資格立一條《美國人權與民主法案》，把美國涉槍的機構，反對禁槍的議員，全部列入制裁名單。

講到這裏，很多人都會覺得這只是一個天方夜譚的怪論。這的確是一個怪論，也不可能會發生。我這樣說，只想講出一個道理，香港不能夠訂立《美國人權與民主法案》，並非因為沒有理據，只是國際森林講求「力強者勝」。美國是全球第一大國，擁有最大的航空母艦戰鬥群，有1,000個核彈頭，美元的支付系統雄霸世界，沒有人敢挑戰美國，因此，只有美國可以批評別國的人權，別國不可以批評美國的人權。由此可見，所謂的《香港人權與民主法案》，根本是美國恃強凌弱、欺凌香港的法案。過去自由開放的美國，的確令人懷念，可惜已一去不復返。

2019年10月17日

中國不爆　美國會爆

香港的亂局，和外地勢力密不可分。而2017年美國總統特朗普上台後，中美關係進一步惡化，香港的反對派對美國如蟻附羶，令本地誤以為有外國支持，局面快速變壞。不過難聽點講句，香港政客依附美國的態度，其實和國際大潮流背道而馳。

看看最近在倫敦召開的北大西洋公約組織（美國領導的軍事同盟）峰會，就可見一斑。特朗普在峰會後發推文稱，「各國對美國只有深深的尊重。假新聞媒體正在盡一切可能貶低我在倫敦非常成功的北約之行。」

事實上特朗普這次北約峰會之行，可說是灰頭土臉。會前法國總統馬克龍接受《經濟學人》（*The Economist*）採訪時已表示，「我們目前正在經歷北約的腦死亡。」他指的是美國宣布從敘利亞北部撤軍，讓出大片地區讓土耳其入侵敘利亞，驅趕曾是美國盟友的庫爾德人，歐洲和北約對美國和土耳其的行為束手無策。法國總統馬克龍明確表示，從解決貿易戰到伊朗核問題等全球議題時，歐洲應該把目光投向北京，而不是華盛頓。

在北約峰會期間，在白金漢宮的一個酒會之上，一部加拿大電視台攝影機捕捉到加拿大總理杜魯多（Justin Trudeau）在嘲笑特

朗普，描述特朗普講過不完的記者會，戲稱「他（特朗普）整個團隊在旁看得下巴都跌下來了」。而一群歐洲領導人圍成一圈，樂不可支。

過去美國是世界的中心，美國總統何曾被人如此嘲笑過。在北約峰會後，美聯社發表題為《美國曾經的超凡影響力　正在特朗普治下衰退》（"America's Inflence, Once So Dominant, Waning under Trump"）的文章，講起幾代人以來，美國一直將自己視為世界的中心。不管是好是壞，世界上大多數國家都把美國視為巨人：尊重它，害怕它，也向它尋求答案。

「我們是美國」，克林頓政府時期的國務卿奧爾布賴特（Madeleine Albright）曾說，「我們就是那個不可或缺的國家」。

美國如今仍然是全球的超級大國。但現在的美國影響力快速削弱，令全球的地緣政治版圖發生了深刻的變化。華盛頓的老朋友，有不少在尋找其他盟友。很多時候，他們會把目光投向中國或俄羅斯。

在接受美聯社採訪時，美國的外交官、許多其他國家的官員和學者都描述了正在變化的國際秩序，美國曾經扮演的中心角色正日漸削弱。關鍵原因，是特朗普競選時開始奉行「美國優先」的外交政策。今年（2019年）9月，特朗普在聯合國大會上表示：

「未來不屬於全球主義者，未來屬於愛國人士。」

美國的影響力本來已逐漸消退，特朗普帶來更赤裸裸的利己主義，令美國在國際關係上的領導力，正快速消散。

這兩年（2018至2019年）美國失去大量老朋友，增加的新朋友寥寥可數，香港的反對派和新疆分離分子，一定要計算在內。

香港暴力反對運動的「攬炒行為」，唯一的理念出路是所謂「支爆」（中國崩潰）。中國不崩潰，他們沒有成功的機會。他們投向美國以背叛國家的方式，去賭中國崩潰，即使毫無國家民族觀念，只是一種政治投機，也是愚笨行為。以特朗普這種欺壓對手、榨取友國的大小通吃行為，只是「飄風不終朝，驟雨不終日」，各國必將起而反抗，美國迫不到中國爆破，只會令自己先爆。

後記：若泛民大佬司徒華仍然在生，一定不會這樣投美。

2019年12月11日

蝴蝶效應：從原油負值到香港變局

這個庚子年（2020年），全世界出現很多百年不遇的境況。從新冠肺炎席捲全球，到美國紐約原油期貨跌至負值，聞所未聞。

大家知道投資任何產品，價格可升可跌，一般想法是價格最低只會跌到零，輸清光了事。但買5月紐約期油合約，不但輸清光，周一（2020年4月20日）晚一度跌到負37.6美元，換言之，還要倒貼37.6美元一桶才可以甩身！

先談為何可以跌到負數。紐約期油以現貨交收，你買期油合約到月底若未沽，一張合約一千桶原油，你便要收原油。由於新冠疫情影響用油數量大降，原油滯銷，大量用不了的原油儲庫，令油庫飽和，你收到一千桶原油也無處可放。一般交易者不會收原油，近結算就沽出合約。但交易對手明知你收了油也無處放，便乘機插多一刀向下夾倉，令到5月期油跌到負37.6美元水平，即是你沽出合約不但一毫子也收不到，還要多付我37.6美元去處理原油。這就是淡友夾死好友的操作，也帶來深遠影響。既然期貨可以跌到負值，變無底深潭，以後買期貨的人將極之審慎，令買家減少，油價跌得更甚。

正如我之前所講，這場油價暴跌的好戲是由沙特和俄羅斯嗌交

開始（或者扮嗌交）。雖然兩個國家的主要收入都來自賣油，但在這場油價暴跌的大戲中獲益，因為油價大跌，會將那些在過去幾年搶去沙特和俄羅斯大量市場份額的美國頁岩油公司，置諸死地。有研究估計，如果油價維持在20美元一桶到（2020年）年底，將有140家美國石油公司倒閉。如今紐約期油出現負值，造成市場恐慌情緒大增，借了錢給油公司的銀行更會全力催債，美國油公司倒閉的災難，也會加速發生。

油公司是特朗普所屬的共和黨的金主，他們一身蟻，特朗普也不會好過，卻不能向沙特這個金主及普京這個幕後支持者報復。油價大跌、美股大插、新冠疫情纏繞不去，都對特朗普選情極度不利。美國處理疫情如此失敗，自然要找替罪羊甩鍋，無論是特朗普或者其對手民主黨的拜登，都爭着把中國當成攻擊對象，拜登先後在密歇根、賓夕法尼亞和威斯康辛三個州大賣廣告，斥特朗普取消流行病機制，並且「聽命中國」，在（2020年）1、2月疫情大流行期間「15次稱讚中國防疫『努力和透明』」。美國總統選舉，將變成鬥罵中國的鬧劇。現時有美國政客在不同的州份發起向中國索償數以萬億計美元，要中國賠償疫情帶來的損失。有朋友問我，中國面對如此巨額索償怎麼辦？

我認為這些索償訴訟，在美國法庭要成功勝訴，絕對不難，但中國一毫子也不會賠。中國（2020年）1月起做了最嚴厲防控，為各國控疫爭取了一個多月的準備時間，但以美國為首的西方

國家卻「懶懶閒」，將新冠疫情當作流感，爆了煲後要中國找數，中國絕對不會就範。如果美國因為中國不肯賠償，而向中國制裁的話，最後只能夠是全面翻臉收場。反華浪潮甚至可能不止於打打口水戰，最壞情況可以真正開戰，雖然機會不大，但中國一定會做各種預案，以應對疫情過後洶湧的最壞後果。油價暴跌就如「蝴蝶效應」那樣，「一隻蝴蝶在巴西輕拍翅膀，可以導致一個月後德州一場龍捲風暴。」紐約期油暴跌，令到美國這隻受傷的猛獸，再添一道流血傷痕，它自然想找中國出氣療傷。

當中美陷入極度惡劣關係之時，香港局勢變生禍患。一方面美國更想借助本地親美勢力製造藉口，狙擊中國；另一方面，中國卻覺得美國無論如何也會借機生事，你用甚麼藉口也不重要。阿爺不再需要顧及中美關係的大局，可以採取最強硬方法，對付他眼中賣國投美的香港政客。

然而，這些政客還在無底線地挑動阿爺，我們作為旁觀者，只能夠綁好安全帶，等着看這場擦槍走火的慘劇上演。

2020年4月23日

三問美國有何資格反對訂立《港區國安法》

中央出手，叫全國人大常委會制訂《港區國安法》。美國一如所料地反對，美國總統特朗普表示，如果中國在香港落實國安法，美國會作出強烈回應。

美國參議員范荷倫（Chris Van Hollen）和圖米（Pat Toomey）表示，正提出一項兩黨法案，以制裁執行港區國安法的中國共產黨官員和相關實體（entities），而法案亦將處罰與實體有業務往來的銀行。圖米表示，中國此舉「非常非常令人不安（very, very deeply disturbing）」。

老老實實，我真的不明白，中央訂立香港國安法，又關美國甚麼事？她有何資格反對？姑且問三個問題，叫美國朋友答一答。

第一問：美國自己的國安法嚴苛無比，為何她可以立法，香港不能立？

美國訂立維護國家安全的法律，最早可以追溯至1789年，即立國九年就訂立《煽動叛亂法》，論時間快過香港建立特區23年仍未立法。其後美國通過《間諜法》、《國家安全法》、《煽動叛亂法》、《關於制裁洩露國家經濟和商業情報者法令》等等，類目

繁多。

到「911事件」後，美國再大力加強保障國家安全的法例，訂出更嚴苛的法律。2002年通過《國土安全法》，成立了執法機構「國土安全部」，執法部門的權力大增。2018年訂立的《雲法案》更管到全世界，美國政府可以要求美國雲計算服務商，提供它們服務器上存儲的數據，無論這些數據存放在哪國家。即是任何國家的人一用上美國公司的雲服務，美國政府就可以拿到你的數據。如果你用的手機商，使用美國公司的雲服務，都有可能被查到資料。美國這些國安法例，管到外國去，才是真正地令外國人也覺 disturbing。

無論中央怎樣訂立香港國安法，都去不了美國《國土安全法》和《雲法案》那種 disturbing 的水平。

第二問：美國在關塔那摩灣監獄（Guantanamo Bay Detention Camp）施行酷刑，為甚麼美國不管自己卻來管我們？美國2002年在古巴關塔那摩灣海軍基地設置的一座軍事監獄，扣押恐怖分子和敵對人員。為甚麼監獄設在古巴而不在美國，你懂的⋯⋯方便行刑逼供嘛。

2004年，從關塔那摩灣監獄無罪釋放的三名英國人指控獄中美軍對囚犯持續不斷的拷問、性虐待、強行注射藥品等等。三人

發布了115頁的報告，詳細描繪這些指控。2004年，國際特赦組織發布一份人權報告，指出在關塔那摩和其他美軍監獄中，有持續不斷的虐囚行為，批評關塔那摩灣監獄就像「當代的古拉格集中營」。

由於醜聞太厲害，前美國總統奧巴馬曾提出關閉這所監獄，把監獄拘押的嫌疑犯送回紐約法庭受審，卻因為國會反對，關塔那摩監獄保留至今。一個用酷刑虐囚的國家，有何權利指控香港？香港今天沒有酷刑，相信將來實施了國安法，也不會有關塔那摩灣監獄的酷刑。

第三問：美國為何不去管她的封建盟友沙特，卻來管香港？

有人說，美國是民主國家，所以訂立國安法例並無問題，香港和中國不民主，所以訂立國安法就有問題。敢問美國在中東的緊密盟友沙特阿拉伯是民主國家嗎？沙特這個封建王權國家，按她的國安法，成立沙特調查總局（Mabaheth），即是沙特的秘密警察機構，這個機構參與在土耳其殺死分屍美國《華盛頓郵報》沙特裔記者卡舒吉（Jamal Khashoggi）。據美國《華盛頓郵報》的報道，美國中央情報局指沙特皇儲穆罕默德是下令殺死卡舒吉的人。美國有追究給予她大量軍火生意的沙特謀殺卡舒吉嗎？有制裁沙特皇儲和銀行嗎？美國對電鋸殺人王視而不見，才是真正的 very, very deeply disturbing。

香港2019年深受黑暴的破壞，生意做不了，生活過不好，要靠國安法撥亂反正，美國對香港過去一年承受的痛苦當然漠不關心。美國要借香港玩中國，根本不用任何理由。不過中國已做好預備，只等美國的制裁一到，中國就會對等反制裁了。

玩吧，特朗普玩下去，就和貪勝不知輸的香港反對派一樣，玩到自己也一起衝落懸崖了。

2020年5月23日

美國精英　盲目反華　鬥爭不會停

人的思想，說變就變。四年多前（2016年），我與一個美國精英朋友，談論中國問題時，他用一個很務實的態度看中美關係，認為兩國制度大不同，但可以求同存異，認為兩國能夠維持良好關係，特別是經貿關係。我問他誰是美國最大敵人，他毫不猶豫地說：「俄羅斯」，認為普京野心很大。

四年後的今天，美國總統選舉之後，我發個短訊和他聊聊。不知何故，以前被他視為敵人的俄羅斯，好像在他視線範圍消失了，中國反而變成了美國的頭號敵人。他認為拜登上台，也不會改變。順帶一提，雖然他票投拜登，但他講到中國時，卻充斥着特朗普式的仇恨用語。他說美國東西兩岸的精英階層，現在都很反華。看來特朗普雖然敗選，他卻很成功地令美國人，把中國看成假想敵。

香港現時的政治問題，不能不放在中美關係的大環境內去看。美國民主黨的拜登勢將上台，粗略估計，未來局勢主要有幾個動態。

第一，拜登與特朗普風格不同，但方向不變。民主黨的側重點本來就與共和黨有異，民主黨更講理念，共和黨較講實際。所以，民主黨對民主自由的理念，會喊得更響。不過，由於拜登

已年近八十，尋求連任的機會較低，預計不會採取很激烈的行動，例如主動挑起戰爭。另外，拜登的個人風格，比較近似美國的傳統精英，表面上會維持理性，再對華發動貿易戰的機會較低。但是，如果看中美關係的各個矛盾點，除了貿易之外，還有香港問題、台灣問題、新疆問題等等。在地緣政治問題上，例如香港問題，預料民主黨不會放軟手腳，仍會緊咬中國。而中國會採取一個先下手為強的態度，現時離拜登正式上台，還有兩個多月，美國政治仍處於混亂狀態。中國會我行我素，在香港問題上繼續大步推進，針對2019年那場不成功的政變，大力掃蕩策動這場運動的叛國者。

然後到拜登上台，他在香港問題上，不會有好說話給中國聽，雙方還會連番角力。

第二，美國人相當反華。經歷了特朗普的四年，華府朝野對中國態度已起了本質上的變化。美國民調機構皮尤在今年（2020年）6、7月間的民調顯示，美國人對中國持負面觀點的人高達73%，比2018年同期增加了26%。

美國精英對各種中國「問題」，琅琅上口，從台灣、新疆，再到香港。特朗普政府最近把「東突厥斯坦伊斯蘭運動」從恐怖主義組織名單中剔除，我問美國朋友，這個組織發動恐怖襲擊，為甚麼美國政府會這樣做？美國朋友只是照本宣科，照搬特朗普

的官方答案出來。

據 BBC 在 2013 年的報道，「東突厥斯坦伊斯蘭運動」聲稱對 2008
年北京奧運期間在新疆喀什對邊防警察發起的攻擊負責。該組織
也聲稱對 2011 年在新疆發生的一系列攻擊事件負責。他們還說策
劃發動了 2008 年 5 月在雲南、上海和溫州的幾起公交車爆炸事件。

美國政府粗暴地不再認定「東伊運」是恐怖組織，背後的邏輯是
「一切反華的組織都是好組織」。美國的精英和民眾如此盲目反
華，已令中美關係徹底改變。

第三，中國抗美關乎民族復興。香港成了中美惡鬥的其中一個
主戰場，中央認定美國是怕中國會超越美國，所以藉着一切的
事務去打壓中國。中國如果服軟，就會走日本的老路，會步入
30 年的衰退。中國選擇了走另一條路，所以要同美國較勁。當
中央見到香港有些人甘願當美國的走狗，叫美國制裁香港和中
國內地的時候，中央的憤怒，可想而知。

明白了中美關係的大環境之後，我們就不會對拜登上台抱有太
大奢望。中美鬥爭的本質沒變，美國把香港當成棋子的特質更
沒變。中央就香港問題拍板決定的路徑，也會一直走下去。

2020 年 11 月 20 日

新加坡比香港自由，不要開玩笑了！

美國傳統基金會的經濟自由指數最近將香港剔除在外，指香港已經變成中國的一個城市，香港不再獲得獨立評級。這是最簡單的「搬龍門」做法。

香港過去長期在這個經濟自由指數內排名第一，足足做冠軍做了24年。在2019年3月，陳方安生、郭榮鏗及莫乃光到美國，曾到訪傳統基金會游說，聲稱「香港正面對威權統治威脅」。結果美國傳統基金會就在2020年，將新加坡排在香港之前，香港不再是冠軍。然後今年（2021年）索性將香港踢出榜外。（從一個側面反映《港區國安法》定出禁止勾結外地的罪名，的確有必要。）

美國傳統基金會成立於1973年，是美國保守派的領導智囊組織。美國共和黨很多政治人物都出身於這個組織，部分人離任之後亦通過旋轉門回到這個組織工作。

在中國日益強大的情況下，傳統基金會自然對中國內地及香港看不過眼，見到香港有政客來游說，正中下懷。由於制定經濟自由指數有一定的標準，傳統基金會即使想大幅壓低香港排名也不容易，於是索性大打茅波，直接將香港踢出局，排也不用

排了。

香港是世貿組織的一個獨立關稅區，在「一國兩制」安排之下，香港有異於內地的經濟體制。香港的獨立關稅地位，並不是美國傳統基金會說了算。

傳統基金會這個經濟自由指數的笑點不止是將香港踢出局，而是將新加坡排在指數的榜首。無論傳統基金會用上甚麼技術指標，新加坡的實際經濟自由度與香港相比，實在差天共地，從經濟制度亦直接體現出來，其中一個典型例子是「謝國忠事件」。

2006年9月，新加坡舉辦國際貨幣基金（International Monetary Fund, 簡稱 IMF）和世界銀行聯合年會。新加坡總理李顯龍邀請各國政要出席晚宴，摩根士丹利亞太區首席經濟學家謝國忠是其中一位獲邀嘉賓。其後謝國忠在大摩內部發了一篇電郵，評論有關事件，指新加坡完全沒有邀請中國官方人士出席宴會。他說：「好像請了我，中國就代表了似的。」謝國忠在電郵中說，晚宴的主題是《全球化之未來》，但中國卻缺席。他說：「由新加坡主辦是次會議是個奇怪的選擇，她離中國或印度這樣的熱點太遠了，會議改在孟買或上海會合適得多。」

謝國忠對新加坡的批評惹了禍，雖然這是一個公司內部的電郵，但被新加坡政府知悉了，結果到同年10月初，謝國忠在壓力下

離職。市場相信大摩受到新加坡政府的壓力，否則會被新加坡政府控告誹謗。這就是新加坡了，如今仍然沒有改變。新加坡有很多東西都很好，辦事很有效率，但不是以自由見稱。當地網上當然不會見到對新加坡政府的激烈批評，即使是金融機構的報告，也是規規矩矩的。

比較香港及新加坡的政治環境，在《港區國安法》實施以來，本地網上大罵香港政府及中央政府的聲音仍然不絕，與新加坡的情況天差地異。在經濟方面，香港就更加寬鬆，即使是建制派人士，也經常批評政府的經濟政策及表現。他們絕對不會收到政府官員的「電話」。說新加坡比香港自由，只是一個笑話。

大家都見到美國非常支持新加坡，說穿了，原因還是新加坡容許美國在當地駐軍。上世紀八十年代，我們經常在美國的新聞刊物上，見到美國對新加坡的批評，說新加坡完全沒有自由，限制外國報刊在新加坡發行。新加坡政府亦經常起訴包括美國媒體在內的新聞工作者。在當時的美國媒體的形容中，新加坡一片黑暗。但到了九十年代之後，美國媒體對新加坡的批評驟然消失。那時有位香港高官私下點醒了我，他說：難道你不知道新加坡自1990年開始，便容許美國在當地駐軍嗎？

我翻查資料發現，新加坡是一個非常擅於游走中美之間的國家。打從1965年，新加坡建國，李光耀便採取不結盟的外交政策。

1978年中國實施改革開放之後，新加坡與中國關係友好，新加坡還是直到1990年10月才與中國建交，也是最後的一個與中國建交的東協會員國。但是，新加坡與中國建交的同時，卻一改其一直反對美國在新加坡駐軍的政策。

由於新加坡把持着馬六甲海峽的咽喉，從中東運輸石油到中國，一定要經過馬六甲海峽，其戰略位置極其重要。新加坡不容許美國在當地駐軍，令到美國牙癢癢，就發動美國媒體不斷地攻擊新加坡。到新加坡在與中國建交的同時，她亦與美國簽訂秘密協議，容許美軍使用三巴旺的軍事基地。美國的西太平洋後勤群司令，於1992年開始以三巴旺為總部，專為美國第七艦隊空軍在太平洋提供後勤支援。另外，美國空軍第497戰鬥訓練中隊，也以三巴旺作為訓練基地。這份秘密協議，直至1992年才正式公布。

新加坡容許美國駐軍之後，美國媒體對新加坡的態度也出現180度轉變，不再批評新加坡，新加坡因而亦毋須控告美國媒體誹謗。新加坡體制的不民主性質，也在美國媒體的視野中消失了，儼然成為一個自由民主的國度。

國際政治就是如此，完全以國家利益主導。所謂民主自由，只是外包裝，與美國友好的，都是民主國家；與美國為敵，甚或有競爭性的，就是專制政權。

不過，既然美國傳統基金會要「打茅波」，就由他們打吧。說新加坡比香港自由，這只是皇帝的新衣，只有愚笨之極的人，才會相信。

2021年3月12日

要「以直報怨」 何懼被叫「戰狼」

美國在2021年7月16日對香港發出商業警示，預警香港營商風險，又加碼制裁七名中聯辦副主任。

國家的回應是火力全開，中聯辦、特區政府、駐港外交公署、外交部發言人、港澳辦，五炮齊發，狂轟美國，回應的重點是「奉陪到底」。

正如中聯辦的回應所指，美國的制裁和警示是「廢紙一張」，行動軟弱無力，但國家為何還是高規格還擊？

說到這裏，我又想起一個內地官場流傳的故事。話說以美國為首的西方國家及媒體，指中國外交官為「戰狼」，批評中國搞戰狼外交。有人就向中國最高領導建議，不要陷入「戰狼」話語，認為這會為西方攻擊中國製造箭靶。

但最高領導不以為然，回應說，「《論語》講，以直報怨，以德報德。」意思是不要理會這些說法，要「以直報怨」。

這兩句話出自《論語‧憲問》，有人請教孔子：「以德報怨，何如？」孔子回答說：「何以報德？以直報怨，以德報德。」這裏有

三種態度：第一是以德報怨；第二是以直報怨；第三是以德報德。

孔子就「以德報怨」之提問，反問「何以報德」？帶出理性原則及價值判斷。恩與怨是兩極，如以同一種方法回應，只反映處事者善惡不分而已。

再者，行惡者心性駁雜不純，報之以德，只會強化其惡念，並起了鼓勵壞人作惡。

故孔子認為應該「以直報怨」，直即是則為是，非則為非，可以直斥其非。

最高領導的指示，十分清晰。不要人家說你「戰狼」，你就迴避。要挺身而出，直斥其非。

美國拜登政府的「偽君子」式政策，以自由民主為口實，硬搞新疆、硬搞台灣、硬搞香港，中國可以選擇：一、以德報怨，即是低聲下氣，低調不回應；二、以直報怨，好像今次這樣，發五炮回應。以直報怨的最大好處是把美國從道德高地打下來，揭露他想借香港攻擊中國內地的假面具，並不大仁大義。

所以不要以為中國的外交並無章法，其實中央對美國已經形成一套對應之法，強硬回懟是經過深思熟慮的部署。這亦對應了

中國表示要「平視世界」的定位，不再自居低人一等。

睇完中國外交政策，睇返美國。近年美國決策的質量低下，很多政策只是花招，想拉抬一下自己的民望，實質不會達成任何效果。拜登上台後激進開局，並無後着，遇上穩如磐石的中國，有點慌了手腳。

美國對香港發出商業警示，加碼制裁七名中聯辦副主任，想達成甚麼政策後果？

以美國以往制裁他國的往績，從古巴，到委內瑞拉、敍利亞、伊朗、俄羅斯，都是想借制裁，切斷這些國家和外國的經貿聯繫，令這些國家經濟大倒退，小則民不聊生，長期捱窮；大則政府倒台，徹底變天。這就是制裁的實效。

但美國對香港的所謂「制裁」，卻是不痛不癢的，只是對「中港」官員制裁，而不是對整個地方制裁，根本沒有用處。除了個別官員投訴生活不方便之外，大多數都是遭強硬回懟，例如中聯辦主任駱惠寧便說，被美國制裁恰好說明他為國家及香港做了應該做的事情。

美國對香港的制裁是雷聲和雨點俱小，完全沒有實效，只是一種吹水政策，向自己選民說，我已如何如何強硬回應了中國。

世界沒有因為美國的政策，起到任何改變。

長此下去，美國就變成言不信，行不果了。

2021年7月20日

東西分裂後香港的獨特角色

想像一下，十年後的世界會怎樣？中美兩國會重回過去的美好日子，友愛互助？還是高度競爭，鬥過你死我活？

照目前的走勢，大概率是出現一個東西分裂的世界。美國和西方世界是一個陣營，東方世界加一大堆發展中國家是另一個陣營，各做各的。這還是一種不太悲觀的估計，還可以有更大火藥味的結局。

着眼於長遠，在這個環球大格局下，香港有甚麼定位？如何找到自己發展的空間？如何為國家發展作出貢獻？有幾個大課題值得探討：

一、五十年不變後，可以有第二個五十年。

習主席在慶祝香港回歸二十五周年紀念大會上說，「一國兩制得到香港、澳門居民一致擁護，也得到國際社會普遍贊同。這樣的好制度，沒有任何理由改變，必須長期堅持！」

有知情人士即時向我發來短訊：「主席給定調了！」

這個調是指香港的「一國兩制」五十年不變，到五十年之後，都不必變，好制度可以長期堅持下去。

過去香港一制的漏洞，經《港區國安法》和完善政制修補好了，滴水不漏，已有持續良性發展的空間。大家不用擔心到2047年，兩制變回一制，香港變成要實行社會主義制度，沒有這種必要。香港和內地，各自發揮本身的制度優勢吧。

二、 一個資本主義社會，一個普通法制度。

一個地方要發展，最關鍵是資金與人才。香港這一制的特色是甚麼？最突出的是一個資本主義社會和普通法制度。資本主義社會意味着自由的市場經濟和私有產權，在香港創業經商容易，可以吸引天下創業人才，來香港發展。不要太拘泥於現時本地的控疫措施，阻礙了外地人來港，疫情總會過去，我們要着眼於長遠。

相信西方制度的人們，其中一個原因是相信普通法體制，他們未必關心政治議題，反而關注若出現商務糾紛時，可否在他們較熟悉的普通法法庭來裁決。香港的普通法制度，正好提供這種便利。

習主席在「七一」講話強調：「必須保持香港的獨特地位和優

勢」，並兩度提到普通法，希望「保持普通法制度，拓展暢通便捷的國際聯繫」。港澳辦發表的聲明，亦指「不少工商界、專業界人士都為習近平主席在講話中明確提到保留香港的普通法制度點讚，認為這有利於國際投資者在香港發展。」

三、一個金融中心，一個創科中心。

金融是香港的傳統強項。在一個全球化的世界，香港是世界三大金融中心之一，但也是排在紐約和倫敦後的第三。但在一個東西分裂的世界，香港就成為東方世界唯一深度國際化、資金高度自由的國際金融中心。由「之一」變成「唯一」。這不是量變，這是質變。

創科應是香港未來的強項。創科要聚天下英才，背後是制度、政策和資金。

很多人覺得香港創科剛起步，未成氣候。香港不宜妄自菲薄，本地科研底子不俗，在 QS 大學排名榜，香港有五所大學躋身全球百大。過去主要是創科和產業發展不配套而已，未來在國家政策支持下，大有發展空間。

習主席在疫情下訪港，為防疫需要大量壓縮考察行程，唯一的考察活動就是到科學園，可見中央對香港創科發展無比重視。

習主席指國家已將支持香港建設國際創科中心納入「十四五」規劃，對香港有很高的期望。他更寄語在場的年青創科人員，要學貫中西，在香港這個前途無量的地方，為將中國建設成為世界科技強國作出貢獻。

總括而言，我們要有長遠的眼光，看到世界格局之大變，了解巨變中給予香港的機遇。香港非常獨特，用好這些獨特性，香港前途無限，對國家也貢獻無限。

2022年7月5日

反思與展望

誰為阿桑奇發聲？

維基解密創辦人阿桑奇（Julian Assange）在倫敦厄瓜多爾大使館匿藏七年，終因與厄瓜多爾交惡，厄瓜多爾解除給他的政治庇護，倫敦警方入大使館將他拘捕。阿桑奇面臨被解往指控他犯強姦罪的瑞典，甚或解返美國。

阿桑奇的維基解密，揭露過許多「勁爆」政治事件，但最有印象的，是2016年2月維基解密在網上放出號稱「最高機密級」的大量文件，顯示美國國安局（National Security Agency, 簡稱 NSA）不單是監聽德國總理默克爾、意大利總理貝盧斯科尼（Silvio Berlusconi）、以色列總理內塔尼亞胡等盟友的電話，更監聽聯合國秘書長潘基文（Ban Ki-moon）的私人會面對話，連歐盟、世貿組織的高層也不放過。

當時已在厄瓜多爾大使館匿藏的阿桑奇發貼文說：「今天我們證明了聯合國秘書長潘基文有關地球免受氣候變化破壞的私人會談，遭受想保護其國內最大石油公司的國家（指美國）竊聽。」

美國不止竊聽競爭對手，也竊聽緊密盟友的電話，此事令美國和歐洲都極其尷尬，德國總理默克爾雖然作了一些含糊批評，但事件最終不了了之，被美國這個強大盟友魚肉，默克爾也只

能忍氣吞聲。

阿桑奇當日出走，本來想經過倫敦再到俄羅斯，但被英國警方追捕，最後駕着電單車，走進倫敦厄瓜多爾大使館，在狹小的使館內匿藏了七年，由風華正茂的年輕人，變成白髮長鬚的衰翁。七年的匿藏生涯不好過，所住的小房子連廁所都沒有，要與人共用。

阿桑奇初時與厄瓜多爾政府關係良好，使館讓他自由上網，但後來維基解密爆了令厄瓜多爾政府尷尬的資料，加上他對其他國家的評論，也令厄瓜多爾尷尬，結果厄瓜多爾不讓他上網。在一個細小地方，切斷與外界聯繫，其實與坐牢並無分別。

維基解密（2006年）創辦至今（2019年4月），已爆出25萬份美國外交的電報，以及50萬份美國在阿富汗及伊拉克戰爭的機密文件，大量暴露了美國口是心非的行為，美國對他深惡痛絕。當日的奧巴馬政府較心慈手軟，覺得若起訴阿桑奇，就一定要同時起訴包括《紐約時報》在內的美國主要傳媒，因為他們也曾轉載維基爆出的機密文件，奧巴馬對起訴阿桑奇一直猶豫未決。後來忽然間就冒出瑞典通緝阿桑奇，指控他強姦，胡裏胡塗阿桑奇就變了強姦疑犯。

在世人眼中，若你是建制派，對阿桑奇應該是又愛又恨，一方

面他披露了很多美國的秘密；但另一方面，他所推崇的無限制言論自由，也破壞一切規則。而在自由鬥士眼中，無論阿桑奇還是斯諾登，都應該是大英雄，因他們突破大量禁區，暴露以美國為首的國家，如何濫用權力，監控自己的人民，甚至盟邦。奇怪的是阿桑奇被捕後，就聽不見有聲援聲音。

香港修訂逃犯條例，惹來西方國家指責，認為損害港人人身自由，損害「一國兩制」。香港法庭判處佔中九子公眾妨擾罪成，從前港督彭定康到國際特赦協會，皆口誅筆伐，說香港再沒有言論及集會自由。但無論西方國家也好，國際民權組織以至本地的民權組織也好，對於阿桑奇被捕就噤若寒蟬，不見有國際聯署行動營救阿桑奇，制止特別是美國對他的迫害。過去能幫助阿桑奇和斯諾登的，似只有俄羅斯這類的國家，這的確是對人類文明的一大諷刺。

2019年4月13日

聽聽默克爾的話：要擊垮無知之牆

德國總理默克爾（2019年）5月30日在美國哈佛大學畢業生演說，指隨着孤立主義與保護主義的興起，這些勢力破壞了全球貿易的穩定，因此，學生們應該追求多元思維，必須擊垮「無知之牆」。演說中，她無一字點名美國總統特朗普，但外界認定她的批評對象，就是最喜歡建牆的特朗普。

默克爾來到麻省，在哈佛大學第368屆畢業典禮上，發表演講。她在大部分演說期間，回憶地從小在東德長大的情形，當時她被阻隔在柏林圍牆之外，長期面對蘇聯的壓迫。柏林圍牆1989年倒塌後，她嚐到自由的滋味，促使她踏入政壇，離開原本研究科學的領域。

默克爾形容，無知又狹隘的牆，可能存於每個群體之間，建立在不同社會、膚色、民族與宗教內，「我希望看到你們擊破這些牆壁」。

默克爾說，領導人不該把謊言塑造成真理，或把真相包裝成謊言，比起衝動行事，更應該花點時間停下來思考，如此才能解決問題，當然這肯定需要勇氣。她認為面對種族主義、民族主義開始席捲全球，德國對此必須更加警惕，因為曾有納粹帶來

的傷害。為了不要犯下相同錯誤，她希望各國領導人追求和平的秩序。

默克爾的話，充滿大國領袖的風範。曾幾何時，美國領袖亦皆如此，但如今的美國總統特朗普，經常把「美國優先」掛在口邊，可以半夜爬起牀來，就在 Twitter 上宣布對中國或者墨西哥大幅增加關稅，而「宣布」這些影響數以億人生計的重大決定時，說的都是似而非的理由，例如說大加中國關稅美國全勝，多收1,000億美元關稅，可以收購美國所有農產品送給貧民等等。若有編劇作出一個美國總統可以有如此流氓行徑的劇本，他不給人罵到狗血淋頭就出奇了，現實卻往往比戲劇更誇張。

面對美國的流氓行徑，中國回應亦更有大國風範。中國上周末段連出三招：第一招是按原先計劃，對600億美元美國進口貨加徵關稅；第二招是商務部公布「不可靠實體清單」，表明對不遵守市場規則、背離契約精神、基於非商業目的封鎖或斷供中國企業、造成中國企業蒙受損失的外國企業或個人列入清單，具體相應措施將在近期公布，這一招很明顯是針對美國當局頒禁制令封殺華為後，停止向華為供應零件及與華為往來的企業。

第三招是發表中美貿易白皮書。這次中美貿易談判破裂，美方一直指是中方在最後階段食言所致。中國就以白皮書回應，羅列美國談判中三次出爾反爾的例子，並詳列中國行動的理據。

細讀中國發表的白皮書，除了強硬回應外，也提出雙方要回到談判桌上，有軟硬攻勢齊頭並進的風格。

我們正面對一個全新的時代，特朗普建一面面「無知的牆」，在無知背後，其實特朗普以自身的選舉利益驅動，罔顧全球秩序。歐洲和中國維持大國的風範行事，美國已完全變成自利的流氓，不能以過去的常理推斷她的行為。

特朗普冒着全球供應鏈解體的風險，以求博取自己最大的選舉利益。若陰謀失算，擦槍走火，就可能出現全球性的經濟金融災難，其風險不可不防也。然而，在美國的巨大陰影下，要擊垮無知之牆，談何容易。

2019年6月4日

民粹政治在疫情中露底了

美股暴跌，多次熔斷，杜指一個月（2020年3月）之間跌了32.1%，巨熊現身，有人認為這是一隻「疫症熊」，我認為是一隻「政治熊」，是市場為特朗普的抗疫成績打分。這讓我想起股神巴菲特（Warren Buffett）的名言：「只有在退潮的時候，你才知道誰在裸泳。」巴菲特以這來形容優質股票的比喻，用來形容西方的民粹政治，亦恰如其份。西方民粹領袖的泳褲被巨浪沖脫，他們看着自己裸露的身體，驚惶失措。

七大工業國之中，美國總統特朗普和英國首相約翰遜是最民粹的領袖。兩人在2016年同時冒起，當年英國為脫歐舉行公投，最後通過脫歐，事後揭發除了有大數據公司在幕後操控脫歐運動之外，運動背後有約翰遜的身影。他是保守黨脫歐派，透過這場運動，操弄民意，最終去年（2019年）把前首相文翠珊踢下台，自己坐上首相之位。同是2016年，特朗普以超級冷馬姿態，當選美國總統。而英美這兩場民意戰，背後都有俄羅斯總統普京的身影。

特朗普和約翰遜玩的民粹政治，主要有兩招：虛榮和仇恨。美國的虛榮是特朗普掛在口邊的「讓美國再強大」。至於仇恨，特朗普當然不敢與幕後老闆普京作對，便選擇與中國開戰，擴大美國全民對中國的仇恨，為美國製造一個敵人，政治就是擊倒敵人的

遊戲，哪怕只是假想敵。而約翰遜宣揚的虛榮，是英國脫離歐盟會更加強大，而仇恨對象則是從湧入英國和當地人爭飯碗的歐洲人。當虛榮和仇恨暴漲時，也把這兩個民粹領袖，推上雲端。

人就是這樣，往往受自己的成功經驗約束，做事沿着既有的「成功軌跡」，不斷前進。當特朗普和約翰遜遇上新冠肺炎疫情，就繼續採用民粹方式，去打抗疫戰爭。民粹政客既要操弄民意，也要討人民之所好，他們見到中國以封城等嚴厲方式抗疫成功，但深明採取這樣嚴厲做法，國民不易接受。再加上認為這是中國此等社會主義國家的專制行為，怎能抄襲？

政治偏見，污染了理性決策過程，主觀上否定了「中國模式」，自然選上「群體免疫」的道路。領袖傾向如此，下面自然又有一批專家提供意見，指2009年3月甲型H1N1流感爆發，一年後這場疫情導致5,900萬美國人染病，26.5萬人住院，1.2萬人死亡。一年內20多萬人住院，美國（英國也是）如此先進醫療系統頂得順，就讓全民感染吧！民粹之路，通常有捨難取易、大家happy的特色。

上述推論最錯的地方，是當年甲型H1N1流感在美國只有0.4%的重症入院率，0.02%的死亡率，但誰能斷言新冠肺炎的入院率和死亡率是這麼低呢？結果出現世衛統計新冠死亡率是3.4%，而特朗普堅持不信世衛「數字的鬧劇」。他以為像打貿易戰那樣，向對手怒吼幾聲，世衛會認錯，新冠肺炎死亡率就會降到

如甲型 H1N1 流感的 0.02% 那樣嗎？

大家應記得，我上周三（2020年3月11日）寫過一篇文章，說「最後只有一個防疫對策：嚴厲圍堵」。當時提到湖北武漢在（2020年）1月23日封城，以人口比例計算，意大利疫情等同湖北省1月29日的情況。德國、法國等如湖北1月24、25日情況。美國當時染疫人數大約等如1月20日時湖北的狀態，但美國如不嚴控，一星期後會開始進入武漢封城時的爆發狀態。

當日預估德國、法國爆發情況一一發生，她們亦實施全面停擺封城。美國周三（3月18日）單日新增確診2,848人，已等如1月26日湖北的狀態。若不嚴控，染疫人數三日就會倍增，若美國拖延不決，就會太遲。

約翰遜已宣布投降，全面停擺只是一兩日內之事。特朗普還在玩民粹，將新冠病毒叫作「中國病毒」，煽動對中國的仇恨，轉移注意力。但煽動仇恨並不能遏止疫情。美股暴跌，是市場對特朗普抗疫政策投下不信任票的表現。民粹政治在疫情中露底了，最後頸不會比刀硬，特朗普不想低頭也要低頭。到他認錯轉軌，採取中國模式，全面封城停擺之日，就是可以入市買股票之時了。

2020年3月20日

福山理論困局：民粹主義 vs 效率主義

美國總統特朗普和英國首相約翰遜的抗疫工作做得很爛，美國周二（2020年3月31日）單日有2.6萬人確診，英國單日3,000人確診，數字驚人，但他們的民意支持高企。據英國民調機構易普索莫里（Ipsos MORI）顯示，約翰遜儘管提出「群體免疫論」備受質疑，但其支持率達52%，創下去年（2019年）贏得大選以來的最高紀錄，72% 英國選民對他的表現感滿意。蓋洛普民意測驗（Gallup Poll）調查美國總統特朗普的支持率走勢也類似，其支持率從44% 升至49%，達到任期內最高點。60% 美國民眾認可特朗普抗擊疫情的表現。

或許政治學家米勒（John Mueller）提出的政治概念「聚旗效應」（Rally 'round the flag effect）可以解釋，即是每逢危機或戰爭，領袖的支持率就會上升。不過民意歸民意，英美抗疫做得怎樣，學者心中有數，看見用大貨櫃車從紐約皇后區醫院運走大量屍體時，都很難想像這些事情會在美國發生。

西方知名的日裔美國學者福山忍不住出聲：「看來許多民主國家的領導人出於各種各樣的壓力，而在淡化疫情的危險，不論是為了避免傷害經濟，還是保護他們個人的利益。」福山甚至認為，正因如此，特朗普在過去兩個月一直沒準備好去防疫。

大名鼎鼎的福山，是《歷史的終結》（*The End of History and the Last Man*）一書的作者，他在1989年東歐鐵幕倒台時，曾預言西方民主制度是最佳制度，是歷史的終結。福山最近在美國《大西洋月刊》（*The Atlantic*）上撰文，也從政治體制的高度入手，問「到底甚麼可以決定一個國家抵禦新冠病毒的能力。」

在這篇文章開頭，福山首先回顧今年（2020年）1月當新冠疫情在中國爆發時，中國遭到種種抨擊，稱當時由於李文亮醫生這類事件，外界一度認為中國的疫情爆發，是因為中國的政治體制導致資訊傳播受到阻礙，由此認定中國的疫情展現的不是疫情的可怕，而是中國那種「集權政治體制」的失調。

福山話鋒一轉說：「可如今情況對於民主政府卻並不那麼樂觀了。」歐洲面臨比中國更巨大的疫情負擔，其中人口只有中國二十分之一的意大利，其新冠肺炎死亡人數更超過中國官方給出的死亡人數。

福山推論的重點是：第一，在全球爆發疫情前，以往對政治體制簡單的二分法已不適用，識別不同國家能否有效應對危機的那條主要分割線，已不再是「民主」或「集權」體制之分了。因集權國家和民主國家中都出現了應對得好和不好的案例；第二，福山認為決定應對疫情表現的關鍵性決定因素，並不是政治體制的類型，而是一個政府的能力，以及更為重要的是，對政府

的信任。福山進而指特朗普不行，民眾對美國政府的信任度低，因此影響抗疫。結論是問題並非源於制度。

我認為福山作為學術精英，提了好問題，但答錯了。雖然我也是民主體制愛好者，但認為如今一切和體制有關。我一直認為，專制制度如果朝好方向發展，有精明而不自利的領導，可以發展成為一種以群體利益為尚的「效率主義」，中國過去40年發展，就是一個好例子。在抗疫時更表現出來，領導人果斷行動，以救助人民性命為先，先不去考慮經濟，更不是為了自己民望。

相反，民主制度可以惡化成「民粹主義」，政客為保民望，爭取當選連任，投民眾之所好，人民短視不想承受痛苦，不想封城，政客不會去做。領袖行動猶豫，不以救命為先，又想保經濟，又要無痛，結果決策延誤，死得人多。

福山等高明的政治學者，若不直指西方民主制的問題，不提改革良方，最後就要寫一本書，應名為《民主的終結》。說到底一個低能總統，一個不受信任的政府，不也正正是由美國人選出來的嗎？在抗疫這種科學化的考題上，劣質化制度，一試就露底。

2020年4月2日

讀智者之言　信理性之光

最近（2020年7月）讀了一篇哈佛榮休教授、費正清東亞研究中心主任傅高義（Ezra F. Vogel）的訪問。他接受內地《環球時報》專訪，詳細講述中美關係的種種問題。

傅高義是社會學大師，也是著名的東亞研究學者，精通日語、漢語。他在1979年出版的《日本第一：對美國的啟示》（*Japan As Number One: Lessons for America*）和1989年出版的《先行一步：改革中的廣東》（*One Step Ahead in China: Guangdong under Reform*），都是我讀大學那個年代赫赫有名的巨著。我大力推介大家看看傅高義的訪問，藉此加深對中美兩國制度的了解。

當年傅高義對日本的管理制度評價甚高，但在1985年，美國迫日本簽訂《廣場協議》，迫令日圓大幅升值，阻斷了日本經濟進一步超越美國，直接造成日本的「迷失30年」。大家當然也很想看看傅高義這位東亞研究大師，如何看待美國如今同樣想阻斷中國挑戰美國地位的行為。

傅高義比較了現時中國和當年的日本，說有四點不同：一、美國和日本是軍事同盟，美日的安全合作持續到今天。二、日本當年在美國建立大批工廠，幾乎每個州都有，為美國當地提供

了大量的就業機會，中國卻沒有。三、日本經濟泡沫在1989年前後破裂，而他不認為中國經濟會爆破。四、中國的增長潛力比日本大得多，中國經濟可能持續增長，並在未來超越美國。

傅高義的結論是美國很難接受被中國超越，但必須學會慢慢接受。當中國超越美國的時候，中國要非常小心謹慎，因為那是美國人非常不安的時刻。他認為中國可以做很多事情，讓這個過程顯得更「平順」，例如在美國建立更多工廠、允許美國公司在中國公平競爭、購買更多美國商品等。但也必須承認，即使中國做了所有這些事情，問題仍然會非常棘手。

大師就是大師，傅高義用了短短的幾句說話，便總結了中日處境的相異之處，但他就美日軍事同盟方面沒有講得很白。他沒有說出口的是，戰後美國包辦了日本的防務，日本根本不能成立完整的軍隊去捍衛國家安全，而中國有完全獨立自主的軍事實力。當年美國要日本簽訂《廣場協議》這個城下之盟，日本沒有條件去抗拒。相反地，美國對中國發動貿易戰，中國能夠奮起對抗，這是中日兩國處境的最大不同。

傅高義深入分析了中美的制度，他認為中國在過去的幾十年，做得非常好，在基礎建設和提高人民生活質素方面，取得令人讚嘆的成就，經濟改革亦令到大多數人受惠。

相反地，美國在上世紀七十年代到八十年代，從工業經濟轉型到服務經濟的轉型方面做得不太好，令到社會上的富人愈來愈富、窮人愈來愈窮。而美國貧富差距擴大，是多數人支持特朗普的重要原因。傅高義形容特朗普是歷史上最糟糕的總統。

講到中美兩國未來的發展，他認為中國領導人現階段的另一個歷史任務是要阻止貧富差距擴大，要想辦法創造新的服務型經濟和新的就業形式，讓科技發展能夠惠及每一個人，提供工資差距不太大的就業職位。至於美國，現在的確存在嚴重問題，但他認為美國有改革和改善的能力。美國要尋找一條新經濟道路，以解決過去多年都沒有成功解決的問題。他不承認美國將走向失敗，但認為美國應該接受中國崛起，爭取與中國更好地打交道。

傅高義作為一名美國學者，當然由衷地喜愛西方的民主制度，但也看到這個制度在美國運行時帶來貧富差距不斷擴大的問題。或許他也不太喜歡中國的制度，但覺得中國實在做得太好，在過去幾十年，能夠很高效地發展經濟和改善民生，在經濟高速發展的同時，貧窮差距不至於擴展得太大。

30多年前我讀大學時，西方對極權國家領導人的批評，現在用在特朗普身上，完全用得上。當年說極權國家領導人不斷說謊，他們只重視經濟不重視人命。這些不幸情節，現時在美國正全

盤上演。而中國卻在做相反的事情。

在如今倒錯的世情中，讀讀傅高義的訪問，覺得真是理性的綸音，亦令人相信理性會戰勝黑暗，希望長存。

2020年7月22日

中美避不開「修昔底德陷阱」嗎？

歷史在不斷重複。在中美矛盾日益加劇下，中國開始強調以內循環為主的經濟，似在模擬萬一和西方斷絕關係下經濟如何持續。中國又開始反對浪費糧食，而且還在大力買糧，又似為萬一的情況作準備。在美國（2020年）8月4日公布試射「民兵3」型洲際彈道導彈後，中國上周公布了軍演影片，只見陸基導彈車避過「核攻擊」後，發射東風-26型彈道導彈還擊。這一切都指向兩個字——備戰。

這讓我想起修昔底德陷阱理論（Thucydides's Trap）。哈佛大學貝爾弗科學與國際事務中心主任格雷厄姆‧阿利森（Graham Allison），在其著作《注定一戰：美國和中國能否擺脫修昔底德陷阱》（*Destined for War: Can America and China Escape Thucydides's Trap?*），描述來自蘇聯的恐懼已經成為過去，現在是中國世紀。他滿懷無奈地指出「我們不必成為中國的奴隸，但我們必須學會接受其強大，否則中美之間必有一戰。」

阿利森是公共決策理論的大師，我們讀大學時，已為他描繪美國總統甘迺迪應對古巴導彈危機的著作而着迷。他在2017年提出的「中美之間必有一戰」預測，自然惹起震撼。但當日仍不如今天，覺得中美如此接近戰爭。

阿利森建構理論時提到的「修昔底德」，源自古希臘著名軍事家及歷史學家修昔底德的觀點。修昔底德認為，一個崛起的大國與既有的統治霸主競爭時，最後無可避免地會引發戰爭。修昔底德講的是公元前五世紀雅典和斯巴達之戰：「戰爭無可避免的原因，是希臘雅典日益壯大，還有這種力量在斯巴達造成的恐懼。」

斯巴達和雅典原是兄弟之邦，她們面對波斯人入侵時，曾並肩作戰，成功將波斯人擊退。但進入和平時代，本身作為陸地霸主的斯巴達，面對希臘日漸崛興的勢力，坐立不安。兩國終於爆發了拖延30年的大戰，結局是兩國均遭毀滅！

阿利森借用修昔底德的觀點，演繹成為兩個大國博弈時，無可避免地要掉進去的「修昔底德陷阱」。

人們發現，自1500年以來，一個新崛起的大國挑戰現存大國的案例，一共有15例，其中發生戰爭的就有11例。最明顯的例子就是德國。當年德國統一之後，取代了英國成為歐洲最大的經濟體。結果在1914年和1939年，德國的侵略行為和英國的反應，導致了兩次世界大戰。當然也有戰爭打不成的，經典就是1985年日本經濟挑戰美國後，不戰而降，簽訂《廣場協議》，讓日圓大幅升值，自廢武功。

美國和中國，又會否無可避免地掉進「修昔底德式」的戰爭陷阱呢？

歷史又的確巧合地相似。中美又如希臘和斯巴達那樣曾經友好，兩國在 1972 年開始聯手，對付蘇聯。但 1991 年蘇聯解體後，亦如波斯人戰敗那樣，兩國友好的粘合劑消失。

有學者認為，習主席的「敢於亮劍」，是導致中美關係惡化的主因。

對此我不敢苟同。修昔底德陷阱作為一種理論，重視歷史發展的必然性，兩個大國競逐霸主的地位，必有一戰。若只講某一領導人的管治風格觸發衝突，相反地是在凸顯歷史發展的偶然性。我年輕時候好辯，偏愛偶然論。到觀察事物久了，卻發現歷史竟然不斷重複。例如中國在南海吹沙造島，早在江澤民年代已經開始，20 年前，我都覺得中國不應搞這麼多事，但如今覺得「不搞就笨」。假如中國不在南海造島，美國就不會重返亞洲嗎？不要傻了。

2020 年 8 月 18 日

中國要走出第三條路

昨天（2020年8月18日）講到美中兩國作為世界第一及第二大國，陷入修昔底德陷阱之中，恐怕最後注定一戰，除非如哈佛大學貝爾弗科學與國際事務中心主任阿利森所言，美國學會接受中國強大，否則戰爭難免。

昨日亦講到有學者認為習主席「敢於亮劍」，是導致中美惡化的主因。我認為這種觀點完全代入了美國的思維（特別是前特朗普時代）。猶記得2008年金融海嘯爆發之際，民主黨的奧巴馬上台，曾邀請中國召開G2會議（兩大工業國），習主席婉拒參加。如果中國好大喜功，早就自命為G2了。

中國種種的策略，被美國說成侵略性，其實是防衛性的，從搞「一帶一路」要突破美國海路的能源封鎖，到南海造島要突破美國在「第一島鏈」的包圍，中國要防衛「修昔底德陷阱」的敗局。既然美國不會容忍一個是其經濟總量六成或以上的國家，認為這些國家會對她構成威脅，中國便不能排除戰爭，不能排除被美國碾壓的敗局。

觀乎世界歷史，特別是二戰之後的歷史，中美爆發衝突，只能有三種結局：

一、蘇聯或利比亞式解體。蘇聯最後一個領導人戈爾巴喬夫，是西方主義信徒，推動改革，最後更主動解散蘇聯。這種被對方的意識形態感召的自毀行為，結果證明對自己國家是一場災難。解體後的蘇聯，不但完全失去了對東歐國家的控制，自己的國土亦四分五裂。蘇聯由世界兩強之一，變成俄羅斯之後，急跌到世界排名第十一。

蘇聯式自毀還不算是最悲慘的，更悲慘的是利比亞的斬首模式。利比亞狂人領袖卡達菲過去曾與美國激烈對抗，到2003年美軍入侵伊拉克，推翻薩達姆政權之後，卡達菲和美國講和，承諾放棄研發大殺傷力武器，銷毀全部化武和核武原料。怎料其後突然爆發所謂的「阿拉伯之春」的亂局，美國一百八十度變臉，把原來的盟友卡達菲變成擊殺的對象，卡達菲最後被叛軍捕獲，橫死街頭。早前美國總統特朗普與北韓領袖金正恩談判，金正恩着力要防止的，就是出現「卡達菲模式」，怕與美國談判成功之後，被美國斬首。與美國惡鬥的時候不死，向美國傾斜才是死亡之吻。

二、舉手投降，這是日本模式。日本在上世紀八十年代經濟成長到美國的六成，很多方面都開始超越美國。當時美國與日本也發生近似與中國的貿易糾紛，美國開始抵制日本貨，狙擊東芝。1985年，日本被迫簽署《廣場協議》，日圓大幅升值，令日本這個以出口為主的國家的繁榮，戛然而止。日本在二戰之後

不能全面建構自己的軍事力量，所謂的軍隊也只是「自衛隊」，軍事完全處於美國的保護傘之下，根本無力與美國對抗。美國要日本跪低，日本只能乖乖照做。日本雖然未至於亡國，但經濟低迷了30年，而且看來永遠也無法真正復甦。

三、迎擊美國，走自主的路。事實上，中國很早便選擇了這條路，方方面面都朝向這個目標部署。上世紀六十年代中國研發原子彈，當時中國外交部長陳毅說：「不管中國有多窮，我當了褲子也要造核子！」為此金庸在《明報》發表社論《要褲子，不要核子》，大力批評中國一窮二白還要造原子彈。

我年輕時也很贊同金庸觀點，認為吃飯比較緊要，花那麼多錢研發原子彈，十分無謂。但長大了之後才明白，即使是窮國，如果沒有保障自己的武力，隨時會有滅頂之災。像中國入世之後，經濟快速發展，就像一個錦衣夜行的胖子，如果不帶槍在身，定要被人生劏。

我過去不明白中國為甚麼不斷地要發展軍力，到如今中美擦槍走火開戰，已變成即時危險的時候，才知道中國發展軍力的必要。即使你不想亮劍，別人也會亮劍。如果你連劍也沒有，只能徒呼奈何，任人宰割。

中國已立定決心要走第三條路，當明知「修昔底德陷阱」不能避

免，唯有把自己武裝到牙齒，讓對手明白，一旦開戰，對手也要付出沉重的代價。中文的「武」字很有意義，止戈為武。

大國博弈，如果不站到國家的位置去思考問題，永遠不會得到正確答案，只會拾美國之牙慧，人云亦云。

2020年8月19日

中國還能從西方學到甚麼？

每年這一天，都會令我陷入沉思。31年前（1989年）發生的事件，很明顯是中國發展的一大挫敗。事後回看，動盪早在1987年已經開始，到1989年才爆發而已。那幾年，以蘇聯為首的體制已危如累卵，西方的民主主義和市場經濟思想高唱入雲，影響着東歐，也影響了中國。

趙紫陽在1987年由總理升任總書記，想更快速推行全盤西化的經濟政策，在1988年就開始「闖物價關」，開放物價隨市場規律升跌，結果物價飛升，加上管得不嚴，旁枝衍生的就是嚴重貪腐的問題，最後終於在政治領域爆發。

31年過去，物換星移，現在看到的是完全不同的世局。特別是去年（2019年）香港發生反修例事件和今年出現的新冠肺炎疫情，影響了中國和西方、特別是美國的關係。美國譴責中國和香港在反修例事件上沒有跟隨西方的原則行事，鎮壓示威。在新冠疫情方面，更指責中國是播毒者。

然而，這只是西方的角度，有沒有人想過中國的角度呢？中國正從西方眼中的一個「乖孩子」形象蛻變出來，皆因這個「乖孩子」覺得，再跟着西方走下去，將不會有好前途。

自1978年中國實行改革開放之後，中國在西方體制的兩大法寶：民主政制和市場經濟之中，選取了後者，全力發展市場經濟。中國實施一種「半吊子西化」，並取得顯著成效。如果封閉的計劃經濟會帶來專制的話，開放的市場經濟，即使沒有促成中國產生西方的民主政體，但也起碼會令到中國的威權政治變得文明，開始用現代化的手法管理，並在最大程度上滿足人民的訴求。

中國過去在西方化中吃到了甜頭。但這個「乖孩子」慢慢長得又大又壯了，他的老師開始妒忌，開始變臉。過去一年發生的事情，特別令中國失望。首先是香港的反修例事件，快速演變成嚴重違法的街頭暴亂，這種發展其實違反了西方所鼓吹的民主制的法治原則，但以美國為首等國家不但沒有協助中國平息這場暴亂，反而火上添油，把香港作為棋子，借此在貿易談判上脅逼中國。

另外，在新冠疫情方面，在武漢爆疫之初，中國的確有點手忙腳亂，但很快便採取了世衛鼓吹的抗疫標準，全面隔離、追蹤、治療，在短短的一個多月內便成功控制了疫情。中國本來以為已經學足西方抗疫標準，為西方爭取到寶貴的防疫時間，還在歐洲疫情爆發的時候，捐贈醫療物資及派出醫療隊協助他們抗疫。不過這一切不但沒有得到掌聲，到美國疫情爆鑊的時候，反而向中國甩鍋，要求中國賠償。中國現存愛滋感染者九十五點八萬人，愛滋病源於美國，中國想也沒想過就愛滋病向美國

索償。而美國卻為新冠疫症在當地爆發，要向中國索償。

上述這兩件事情都違反了傳統西方的價值，但在美國的扭曲下，變成了攻擊中國的利器。經此一役，中國徹徹底底對美國推崇的意識形態感到失望，內地最崇美的「公知」，也被香港反修例和美國為疫情甩鍋，搞到灰頭土臉。

美國是全球霸權，但正如意大利新馬克思主義宗師葛蘭西（Antonio Gramsci）所講的，霸權地位的獲得，是因為霸權者能夠超越自己的利益，而照顧到其他角色的利益。

如今美國退化到只照顧本國利益的做法，已經令其快速丟失國際霸權地位。

西方世界面對的問題，部分西方領袖心知肚明，例如法國總統馬克龍去年8月，在一個對法國全球使節的講話中，提到西方霸權有兩大錯判，第一是低估了包括中國在內的新興大國；第二是西方文化正快速衰落，而新興國家的政治想像力，超乎西方的預計，例如中國的政策便令到7億人脫貧，背後包含了平等主義的思想，而西方的貧富懸殊，卻在急劇惡化。馬克龍以法國為例，指法國體制的賣點是個人自由、民主制度和富裕中產，但由於財富快速集中在極少數人的手裏，連中產也變得貧困，亦變成了反政府的新力量。馬克龍當然不會愛中國，他只是借

中國來說明歐洲的問題，覺得歐洲要走一條擺脫美國的道路。

看完複雜的國際形勢，起碼可得簡單的結論。西方不再是中國的學習對象，中國學了市場經濟就足夠了，對於西方的民主制度，中國愈來愈不感到興趣，因為美國這個西方老大哥的民主制，非常扭曲，撕裂低效。回首31年前中國在十字路口上，最後否定了全盤西化的道路，發展出威權主義市場經濟，是作了正確的選擇。

2020年6月6日

激進政治的相反結局——東歐民主經驗

去年（2019年）香港的政治鐘擺，大幅擺向激進一方，但一年過去，如今鐘擺迴盪，又走向另一方了。

特區政府剛剛DQ了12名攬炒派的參選資格。前港督彭定康說：「這是一次對香港民主的野蠻政治清算」。香港在英國人155年的管治，沒有得到多少民主，就在他們快要撤退之時，才手忙腳亂地為香港引入選舉，英國人實在沒有資格，去議論香港的民主，香港民主未有健康成長，根源就是殖民統治。

回頭說12個候選人被DQ的原因，主要是：一、鼓動美國制裁香港；二、計劃攬炒，打算顛覆政府；三、反對《港區國安法》。若用激進本土派的語言去總結，這些人期望在美國第七艦隊保護之下，香港可以有一個民主的烏托邦。香港的政治激進思潮在最近十多年興起，部分由外地滲入，部分由本地知識分子鼓吹，但為香港激進政治運動來一個階段性總結，只有四個字——適得其反。

左派歷史學家霍布斯鮑姆（Eric Hobsbawm）在上世紀的革命浪潮中，曾參與推動變革，後來作出反思，他在《斷裂的年代：二十世紀的文化與社會》（*Fractured Times: Culture and Society in the Twentieth Century*）一書中，深刻地分析了當時人們在生活和理想之間的矛盾，有幾點甚有意思：第一，知識分子或許可以超越其自身的利益，去關心所處的社會利益，甚至人類的利益；第二，知識分子對總體現實的不滿，往往促成他們去建構烏托邦；第三，知識分子的「知識」可以對社會產生巨大的影響力，但社會的整體發展進程，並非「知識」所能控制，激進政治的結局，往往和知識分子構想的相反。

香港的激進知識分子設計出攬炒的顛覆計劃，想借美國力量推翻中共政權，前奏是去年的暴力街頭抗爭，具體行動是部署中的立法會「35+」顛覆計劃。但正如霍姆斯鮑姆所預言，激進分子的行動激起特區政府和中央的反應，她們不會坐以待斃。阿爺直接為香港訂立國安法，特區政府進行大面積的 DQ。行動的結局，往往和預想的相反。

新加坡國立大學東亞研究所鄭永年教授對激進政治有很好的總結。他說，激進知識分子想搞革命，如果革命失敗，事情就會很明朗，革命家要不出逃外地，要不坐牢，或者犧牲；但如果革命成功了，事情會變得更複雜。他從捷克革命家哈維爾（Václav Havel）和米切尼克（Adam Michnik）的觀察，講述上世紀九十年代東歐民主革命的悖論。東歐革命之後，少數革命家變成了職業政治家、成為總統（哈維爾就當過捷克總統）。不過，他們很多就像花瓶一樣被人崇拜欣賞，但實際上甚麼事情也做不了。

國家政治除了民主形式的變化，其他一切如常。有些革命家在革命後，對革命的理想不再幻想，甚至破滅，成了瘋子。

鄭永年總結了東歐民主革命，激進政治雖然帶來了民主化，但國家仍然充滿着貪婪、腐敗、享樂主義。所謂的民主化只是意味着政權主體，從革命前的權力，轉型為今天的資本。革命前的共產主義依靠權力來統治，革命後的民主則依靠資本來統治。米切尼克因此說，革命的結果是「我們把人權憲章換成了信用卡」，而信用卡仍然掌握在少數人手裏。

香港的情況更加詭異，現時發展了一點民主，資本家已經進一步掌權，對公共政策有極大影響。雖然很多烏托邦知識分子吹噓，如果香港實行全面民主，一切事情都可以解決。恐怕即使他們的幻想實現，香港實施所謂雙普選之後，資本家對政治的控制，只會更大，而不是更少。因為資本家最有實力，支持政客玩昂貴的選舉遊戲。

人們從不學習，不會從其他地區的發展經驗，看出問題的本質。激進政治非常浪漫，但在絕大多數的時候，完全解決不了問題，因為他們將問題簡單化。如果民主是如此的一種良藥，東歐搞了30年的民主，現時應該產生了大量又繁榮又民主的國家，但實情是很多東歐國家依然腐敗，繼續落後。

香港要實行民主，首先不要採取烏托邦的賣國投美方式，不要
與國家政權永恆對抗。否則，結果只會適得其反，和中央鬥一、
二十年，結果仍然一無所有。

2020年8月1日

美國的暗黑帝國

美國總統特朗普搞到全世界雞犬不寧，美國（2020年）11月大選，很多人都想他快快下台，但據美國最近的民調顯示，特朗普的民望止跌回升，追近其對手拜登。

以美國有線電視新聞網絡（CNN）的調查為例，拜登的支持率有50%，而特朗普的支持率有46%，兩人的差距只有4%。特朗普與拜登的支持率差距，在短短的一個月之內收窄了10%。

2016年上屆選舉，希拉莉（Hillary Clinton）領先特朗普8.5%，領先距離比拜登更多，但由於美國是「選舉人票式」的間接選舉，雖然當年希拉莉比特朗普多拿300萬張選票，但仍要敗選。

以目前拜登領先特朗普的差距這麼少，如果明天就舉行選舉，拜登真的危危乎。當然，還有3個月才選舉，期間可以有多事情發生，特朗普和拜登的選情，頂多是「五五波」，暫時看不到拜登有很大的優勢。

30多年前，美國政壇充滿活力。1963年甘迺迪總統遇刺身亡的時候，他只有46歲。但現時兩個總統候選人，特朗普74歲，拜登77歲。特朗普五十步笑百步，為拜登改了一個叫做「瞌睡喬」

（Sleepy Joe）的花名，諷刺他反應遲鈍，經常「瞌眼瞓」。拜登最近找來了加州參議員賀錦麗當副總統候選人。大家都覺得賀錦麗很有機會成為美國第一任女總統，因為拜登隨時會在任內駕崩。

特朗普只是一個天天吹牛的總統，他大玩極端政策，處理新冠疫情，更是一塌糊塗，美國佔全球人口4%，但新冠確診人數卻佔了全球25%。然而，特朗普雖然施政這樣差勁，但他的民望與拜登仍是叮噹馬頭，主要原因還是拜登太弱。

為甚麼美國會出現老人政治和這樣弱的總統候選人？這顯然是美國有一個 Deep State（暗黑帝國）在背後操控，推出總統候選人是在幕後講數，論資排輩。

Deep State 是一種陰謀論，認為西方的民主世界，幕後其實存在着一個秘密統治集團。這個統治集團由政府官僚、軍事工業複合體、石油商、華爾街和情報機構要人組成。他們關上門講數，全盤操控了國家的大政方針。Deep State 這個詞源自土耳其語 Derin devlet，是指奧圖曼帝國內存在秘密的執政團體，有國家中的國家、政府中的政府的意思。後來世人借用這個名詞，形容幕後操縱政治的秘密集團。Deep State 控制着政黨的候選人。

最近的十幾年，民主黨搞來搞去都是克林頓家族和他的朋友，

而共和黨是布殊家族及其友好。在上屆美國大選，共和黨要推傑布 • 布殊（Jeb Bush），而民主黨推希拉莉，結果被特朗普這個並非 Deep State 屬意的投機者乘虛而入，竊據大位。

背後原因是 Deep State 操控政治，他們貪得無厭，造成「1:99」的結果，即佔國家 1% 的 Deep State 成員，掠奪了國家 99% 的財富，搞得民不聊生。選民慢慢發現，無論投給傳統的那一個黨的政客，生活都不能改善，不如胡亂投給一些出位的政壇新人，希望有所突破。

近年，第一個嘗試突破 Deep State 的是泰國的他信（Thaksin Shinawatra），泰國是一個很奇特的政體，首都曼谷有 1,000 萬人口，是國家的中心，其餘的城市人口都不超過 100 萬。曼谷的精英，包括政客、商人、軍人、法官等，組成了幕後的統治集團，操控了全國政治。他信作為一個富商，突圍而起，用抬高米價收買米農，在 2001 年搶登相位，但他最後仍鬥不過 Deep State，要流亡海外。

特朗普上台之初，繼續與 Deep State 戰鬥。美國資深新聞從業員安賓德（Marc Ambinder）和布朗（David W. Brown）寫一本名叫《暗黑帝國：政府的秘密工業》（*Deep State: Inside the Government Secrecy Industry*）的書。書中揭露了包括在「911 事件」之後，Deep State 如何操控美國。Deep State 在幕後操縱政

治，成員論資排輩，要做領導人自然要「擔櫈仔」慢慢輪候，所以才會出現拜登這種77歲的超高齡候選人。Deep State 的缺憾，讓特朗普這些民粹政客乘虛而入。

專制政治的缺憾顯而易見，就是權力集中在少數人的手上。民主政治表面上公平公開，但 Deep State 便深深地控制着美國，並把她拉下深淵。這些幕後操控者貪得無厭，即使經歷了2008年的金融海嘯之後，他們仍沒有收手，還發明了經濟愈差，愈去印銀紙的救市策略，讓自己肥上加肥，肥到連襪子也穿不上。

我擔心 Deep State 可能是壓垮資本主義制度最後的一根稻草，而能否擺脫崩潰的危機，關鍵是要解決 Deep State 操控國家的問題。但 Deep State 濫權不容易解決。歸根究柢，還是西方世界批評共產國家的經典名句：權力令人腐化。

2020年8月22日

歐洲在變　G7難搞　美國形象崩塌始於青年

這個星期（2021年6月第二周）美國總統拜登很忙，他將在歐洲打轉，展開重塑美國領導力之旅，還想把 G7（七大工業國）打造成一個針對中國的 D7（七大民主國），問題是他會成功嗎？

拜登將飛越大西洋，先前往英國，參加 G7 首腦會議。然後踏上歐洲大陸，到布魯塞爾出席北約（North Atlantic Treaty Organization, 簡稱 NATO）峰會。然後在 6 月 16 日到瑞士日內瓦，與俄羅斯總統普京會面，想穩住俄羅斯，集中力量對抗中國。

拜登在臨行前設定議題，將問題界定為民主與非民主，他撰文指「我此次歐洲之行的意義，是要團結世界的民主國家⋯⋯應對中、俄的有害行為」。拜登在文章又重提「美國必須從實力的地位出發，領導世界」。沒有中國外交官坐在對面桌說「中國人不吃這一套」時，拜登在自家主場講這句說話，顯然會輕鬆一些。

相信歐洲人不會如中國那樣，面斥美國之非；四年前 G7 領導人峰會上，「六大派圍攻光明頂」的名畫、特朗普被 G6 領導人圍攻的場面，相信不會再重現，但美國和歐洲盟友之間嫌隙已深，除了因為特朗普太露骨的單邊主義之外，也因為美國的疫情失控，美國失去的大國領導力，並沒有因為拜登上台而回來。

數據最會說話。馬歇爾基金會和貝塔斯曼基金會發表一個跨大西洋趨勢報告，當中一個對11個歐美國家進行的最新民調顯示，抗疫無能造成60多萬美國人死亡（至2021年6月）後，美國作為「國際領導者」的聲望，在法國和德國繼續受挫，並沒有「拜登反彈」（Biden bounce）。

這個民調在拜登起程赴歐前發布，顯示拜登並沒有讓美國恢復疫情前的地位，反而是中國的聲望在法、德進一步略微提高。

這項在11個歐美國家進行的民調顯示，總體上有62%人認為美國在國際事務上最有影響力，認為中國最有影響的有兩成，認為歐盟最有影響的是14%。

再細看不同國家人民的取態，55%的德國人認為美國最有影響，56%法國人認為美國最有影響，這個結果差不多和去年（2020年）大流行後的數字一樣，今年（2021年）在德國和法國只是各自多了1%的人認為美國最有影響，可以說是看法基本和去年持平。

反觀對中國的看法，22%德國人認為中國最有影響，比去年大流行後上升了2%，28%法國人認為中國最有影響，和去年持平。要注意的是去年大流行後的調查顯示，認為中國最有影響的人數大幅上升，今年仍維持在高水平。

另一個有趣的發現是歐美11國的18至24歲的年輕人比年長者

更多地認為，美國影響力不再。同樣地，18至24歲的年輕人對中國的感覺比較正面，更加覺得中國是一個夥伴，特別在美國、加拿大、德國和英國，例如德國和加拿大的18至24歲的年輕人有42%認為中國是一個夥伴，但整體地只有27%加拿大人和28%德國人覺得中國是一個夥伴。

這是一個有趣的發現。雖然整體上歐美人對中國較敵視，但反叛的年輕人，可能覺得中國是一個進步的力量，對中國的感覺較正面，和香港人的年輕人的表現很不一樣。歐洲在俏俏地轉變，美國形象崩塌始於青年。

這個跨大西洋趨勢報告撰寫機構、馬歇爾基金會巴黎辦事處副主任昆塞斯（Martin Quencez）表示，民調結果表明，「拜登效應並未發生，美國影響力的衰落，在今天仍然與特朗普執政時相同。」

《華爾街日報》評論拜登歐洲之行時提到，雖然拜登「擁抱歐洲」，但歐盟有所顧慮，因為拜登的一切政策，都已經謹慎地貼好了價錢牌——這是歐洲人知道的。

歐洲多國是否會回應拜登聯歐抗中的計劃？英國《金融時報》發文表示，一些歐洲領導人對美國的「新冷戰論調」，抱有懷疑。

我們又看看這場G7大戲，如何收場。

2021年6月11日

結語——中美不需一戰？

中美關係已不能重回過去友好關係。近日朋友聚會，經常有人問我一個問題，中美之間會打仗嗎？

修昔底德陷阱

談及中美會否開戰，自然不能夠不提著名國際關係學者格雷厄姆・艾利森創造的經典術語「修昔底德陷阱」，修昔底德是古希臘雅典的歷史學者和軍事將領，他認為新興強國雅典與傳統霸主斯巴達之間的伯羅奔尼撒戰爭（公元前 431- 公元前 404），是不可避免的，因為斯巴達對雅典實力的增長心生恐懼。

艾利森指出，修昔底德陷阱的理論是：當大國霸主地位受新興強國威脅時，兩國就很有可能爆發戰爭。艾利森引用哈佛大學貝爾弗科學與國際事務中心的一項研究，在近代歷史上新興強國與既有強國爆發了 16 次衝突，其中 12 次導致了戰爭。

艾利森把修昔底德陷阱理論引用到中美之爭。他在 2017 年出版的《注定一戰：中美能否避免修昔底德陷阱？》一書中認為，中國崛

起是美國面臨最複雜的挑戰，中國既是美國最強大的對手，也是美國必須尋求與之共存的國家，否則就要選擇共同毀滅。若在中國國家主席習近平領導下實現了「中國夢」，中國將取代美國自上世紀以來習慣了享受的許多領導位置。

艾利森認為，中國人口是美國的四倍，就算中國生產力只及美國的一半，中國的國民生產總值（GDP）也將是美國的兩倍，那麼中國若以和經濟相匹配的資源投資國防，中國在國防上的投資可以較美國多一倍。這世紀初，中國已一躍成為全球最大經濟體，今日，中國更是世界工廠，和全球多數主要經濟體的最大貿易夥伴。

艾利森的總結是：面對中國的挑戰令人生畏，但殘酷的現實不容忽視，科技和自然力量也迫使中、美兩大國尋找共存的方式，以避免一起毀滅。

我在大學時代就已讀過艾利森的名著《決策的本質：解釋古巴導彈危機》（Essence of Decision: Explaining the Cuban Missile Crisis），講述美國如何高效處理古巴導彈危機，當時美國總統約翰・甘迺迪面對蘇聯將在古巴設立導彈基地，決定出兵包圍古巴港口，迫使蘇聯拆除在古巴的導彈設施。《決策的本質》鮮明地展現了決策者在緊迫時間和沉重事態兩大壓力之下的決策過程，美國成功避開了核戰，此書亦被視為研究國際關係及外交政策的經典。當時我仍是大學生，也感嘆美國有如此高效的決策能力。

時光流轉，幾十年過去，現在美國的決策能力就完全不一樣。當年美國的體制，可以容許一個43歲的精壯中年出任總統。但如今美國已變成老人政治，一個79歲的總統，令人懷疑他是否有正常的決策能力。現實上美國在國際問題的決策上拖泥帶水，猶豫不決。若美國要處理複雜的中美關係問題，要避免中美兩國跌進「修昔底德陷阱」的戰爭處境的話，我也懷疑美國有沒有這種決策能力。

我一直認為，中國在處理中美關係問題上，基本上想維持和平友好的相處方式。中國許多行動都是回應性質，例如當感知美國將重返亞洲時，中國就要作出相應的部署；又例如美國向中國開打貿易戰時，中國必須還擊；也例如美國要圍堵中國，甚至可能切斷透過馬六甲海峽運輸石油到中國的海上運輸路線時，中國也只能藉着「一帶一路」政策，開展多條通往歐洲和中東的運輸路線，並把自身的能源供應多元化。中國只想搞好自己的事情，發展好本國的經濟，並無稱霸野心，也無擊敗美國的打算，中國的策略只是和平崛起。

如果真有一個「修昔底德陷阱」的話，問題可能不是來自新興強國，而是來自傳統大國，當傳統大國不能接受自身從高峰滑落的時候，很可能做出不理性的反應。

中美有一百個開戰的原因

若中美開戰，估計主要由美方發動。而美國有天然的優勢，因為其

地理位置處大西洋另一隅，孤懸海外，足以避免戰事在本土發生，所以經歷兩次世界大戰，一戰主要戰場在歐洲，二戰主要戰場在歐洲和亞洲，美國本土不受影響，這是該國得天獨厚的天然地理條件。中美若發生軍事衝突，很可能都是一場代理人戰爭，其中台海更是最易燃易爆的火藥庫，正如美國不知有心還是無意，觸發了烏克蘭戰爭那樣，只要把武裝放到別國家門前，只要扶植親美領導人，只要這領導人足夠愚蠢，去不斷挑動強大的鄰近地區，直至超越觸發點，戰爭就會爆發。

以台海為例，只要台灣直接或變相宣布獨立，國家沒有理由接受得到這種結果，戰爭就會爆發。在這三角關係中，國家看似主動，其實是被動，無法制止美國人挑撥，只要台灣政客足夠愚蠢，就可以作出葬送自己地區命運的決定。就像烏克蘭總統澤連斯基，在俄烏開戰前，他有一百個機會制止戰爭的發生，只要他宣布停止申請加入北約，俄羅斯就沒有開戰的理由。同樣地，只要台灣不走上台獨的道路，不把自己全面軍事化對抗大陸，台海也沒有爆發戰爭的理由，但現實世界蠢人太多，政客為了選票，行事不擇手段，所以有一百個開戰爭的原因。

高風險時期

國家已把發展的目標寫得明明白白，在2049年發展成現代化強國。中國兌意撤除各種外部干擾，開足馬力，朝這個目標邁進。

國家發展的其中一個主要指標，是本地生產總值（GDP）。根據中美兩國的公布，2021年中國本地生產總值為17.7萬億美元，美國為23.03萬億美元，中國的本地生產總值約為美國的76.9%。但按「購買力平價」計算，中國經濟總量在2014年已超過美國。無論如何，當中國的本地生產總值超過美國時，就是美國感受最強烈的時候。上世紀八十年代，日本的本地生產總值到達美國70%時，美國極不自在，最後在1985年美國迫日本簽署《廣場協議》，和西德等國把貨幣升值，令日本經濟泡沫爆破，接着出現經濟停滯的迷失30年。美國迫不到中國簽類似《廣場協議》的城下之盟，自然自我感覺極不良好了。

一般估計，中國的本地生產總值到2028至2030年，就會超過美國，這將是美國最難受的時刻，也是中美最易擦槍走火的時刻。

2010年，中國本地生產總值超過了日本，由世界第3位升上世界第2位，日本變成三哥。日本的對華政策，也是隨着相對中國經濟地位的變化而改變。在中國改革開放之初，中日關係相當友好。到中國本地生產總值接近日本的時候，雙方關係開始變酸，日本開始出現很多反華聲音，右翼勢力冒起，主要因為日本經濟總量被中國超越，嚴重冒犯了他們的尊嚴。日本眼見30年前的中國還是一窮二白，30年後超越自己，心裏很難接受。

同樣道理，美國也將如此。所以內地軍事分析家說，2028到2030

年，當中國經濟總量超過美國的時候，將是爆發戰爭的高風險時刻。因為美國的投機政客，解決不了國內問題，就會把矛頭對準中國，甚至會有意發動一場代理人戰爭，轉移國內矛盾，因為戰爭往往會催谷一個地方領導人的民望，大家要為這種情況，作好準備。

軟硬戰爭

中美冷戰似已無可避免，熱戰也不能排除。當然兩國除了軍事上的硬衝突以外，一系列的軟性戰爭也可能發生。首先是硬戰爭，例如俄烏戰爭，正是很好的預演，演示一場代理人戰爭。海峽兩岸若開戰，將如烏克蘭一樣，台灣不要期望美國會派兵參戰，但一定全力輸送軍備，讓台灣戰鬥至最後一人。俄烏戰爭中美國對付俄羅斯的套餐，也會奉上給中國。

第二是經濟戰，俄烏戰爭爆發後，美國切斷部分俄羅斯銀行使用環球銀行金融電信協會（SWIFT）的系統，意圖切斷俄羅斯與世界金融系統的聯繫，為俄羅斯製造金融風暴。不過俄羅斯巧妙應對，要求歐洲「不友好國家」購買俄羅斯天然氣時，以盧布結算，成功支持盧布匯價。若美國禁止內地和香港金融機構使用 SWIFT 系統，那會發生甚麼事情呢？各方面宜作好準備。

美國亦凍結俄羅斯的外匯儲備。俄羅斯在西方有 3,000 億美元外匯儲備，結果被美國凍結。同樣地中國手持 1 萬億美元的美國國債，

恐怕也要作好最壞打算。有高人說，若美國出動到凍結外匯儲備資產，來對付中國的話，中國也不是無計可施，因為美國在中國投資也極其龐大，作為回應，中國也可以凍結美國企業在華資產。這是兩者皆傷的結局。

第三是能源戰，俄羅斯是能源出口國，美國就嘗試叫各國抵制不購買俄羅斯能源。中國剛相反，是能源進口國，美國不會制裁中國的能源出口，而是要施壓禁止各國向中國輸送能源，除了一級制裁外還可以有二級制裁，即是說，連運輸能源到中國的公司或國家也會被制裁，不止制裁直接賣能源給中國的國家。中國發展多渠道進口能源的策略，正是回應這可能出現的災難情況。在美俄決裂時，中俄在能源合作上的背靠背安排，也可以保障中國的能源安全。

相信在 2025 年，美國政府換屆之時，危險就與日俱增。相信中國會做好應對所有中美爆發軟硬戰爭的準備，防患於未然。

由韜光養晦　到止戈為武

鄧小平領導中國的年代，奉行韜光養晦策略，認為中國要低下頭做事，全力搞經濟。年前我開始見到中國在南海吹沙造島，當時都有疑問，為何中國要採取這策略，這還是不是韜光養晦？這樣做會否挑動鄰國甚至美國針對中國？

一系列疑問，從後來的現實發展得到答案。當蘇聯解體後，美國已選定中國作為敵對對手，到中國經濟超過美國70%，中美對抗已是不變的事實，中國即使想再韜光養晦，也養晦不了。中國發展到某一階段，只能從「韜光養晦」，轉移到「止戈為武」的策略，必須強化自己，甚至武裝起來，才有自保的能力。

在南海吹沙造島，甚至建設機場，我國在南海八座島礁已經吹沙造島成功，就等於建造多艘不沉的航空母艦，也突破了美國對中國的包圍線。中國亦發展出東風21D和東風26導彈，被稱為「航母殺手」，也把射程推到沿海1,800公里至3,000公里，等於劃出一條防線，令外國航母難以靠近包圍中國。

美國在2009年宣布重返亞洲，中國在2014年開始吹沙造島。中國即使不在南海吹沙造島，美國也會重返亞洲。美國在亞太區搞出一個又一個的框架，弄出一個又一個的集團，在軍事和政治上包圍中國。既然中國不能阻止美國進行這些圍堵自己的行為，就只能強化自己，除了軍事上加大投資外，也要加大自己的經濟實力，以開放對抗美國的封鎖，以自由貿易協定對抗美國的小圈子框架。如今東盟已是中國最大貿易伙伴，雙方貿易量大幅增加，隨着「區域全面經濟伙伴關係協定」（RCEP）落實，地區內自由貿易活動將急速增長，美國想阻止也阻止不了，美國想保護自身市場，不再想搞自貿協議。美國亦已錯過了封殺中國的時機，中國已經做大做強，已變成美國吞不下的硬果子。

中美不需一戰，因為美國很快就會明白，無論以那種形式和中國開戰，必將反噬美國。美國支持推動烏克蘭和俄羅斯戰爭，美國自己已搞到焦頭爛額。美國若和中國開戰，即使是代理人戰爭，也將面對災難性的後果。英國在二戰後慘成二流國家的結局，將以更慘烈的方式，在美國身上重演。

世界已經大變：第一，不要期望可回到過去的美好日子，中美可相親相愛；第二，不要期望美國作出理智決策，不會主動挑起戰爭；第三，中國只能在方方面面強化自己，令美國只要有一絲理性，也知道若與中國開戰，那怕是一場代理人戰爭，美國也不會有好下場；第四，香港人理應愛國。在中美對立下，香港人更要堅定站在國家一邊。

國家好，香港更好。朝向2049，27年後，中國建設現代化強國的目標，必可達到。

責任編輯	鍾秉義

書　名	中美不需一戰？——不要對世界抱有理想主義式的幻想
作　者	盧永雄
出　版	三聯書店（香港）有限公司
	香港北角英皇道四九九號北角工業大廈二十樓
	Joint Publishing (H.K.) Co., Ltd.
	20/F., North Point Industrial Building,
	499 King's Road, North Point, Hong Kong
香港發行	香港聯合書刊物流有限公司
	香港新界荃灣德士古道二二〇至二四八號十六樓
印　刷	美雅印刷製本有限公司
	香港九龍觀塘榮業街六號四樓A室
版　次	二〇二二年七月香港第一版第一次印刷
規　格	十六開（160mm × 220mm）三五二面
國際書號	ISBN 978-962-04-5048-8

©2022 Joint Publishing (H.K.) Co., Ltd.

Published & Printed in Hong Kong

三聯書店
http://jointpublishing.com

JPBooks.Plus
http://jpbooks.plus